Nagwa Soliman

Einheit inmitten der Spaltung

AF144349

Nagwa Soliman

Einheit inmitten der Spaltung

ScienciaScripts

Cover image: www.ingimage.com

This book is a translation from the original published under ISBN 978-3-330-07433-0.

Publisher:
Sciencia Scripts
is a trademark of
Dodo Books Indian Ocean Ltd. and OmniScriptum S.R.L publishing group

120 High Road, East Finchley, London, N2 9ED, United Kingdom
Str. Armeneasca 28/1, office 1, Chisinau MD-2012, Republic of Moldova, Europe
Printed at: see last page
ISBN: 978-620-7-39432-6

Inhaltsübersicht

KAPITEL 1

Einführung

Bei allem, was in der arabischen Welt geschieht, schwingt immer die Frage mit, wie es zu dieser Spaltung kommen konnte. In der arabischen Welt teilen wir eine Sprache und leben zusammen, obwohl wir unterschiedliche Religionen haben. Was als Arabischer Frühling bezeichnet wird, ist nichts anderes als die arabische Fragmentierung und Spaltung. Das Ziel dieses Buches ist es, den Gegensatz zwischen Einheit und Spaltung aufzuzeigen, der in unserer heutigen Welt in verschiedenen Ländern auf verschiedenen Kontinenten deutlich zu erkennen ist.

Die Idee der Einheit existiert in unserem Leben. Zum Beispiel glaubte Theodor Waitz an die "psychische Einheit" der Menschheit und lehnte die Vorstellung ab, dass der Mensch je nach seiner Rasse zu mehr als einer Spezies gehört (Jahoda, 2014). Ein weiteres Beispiel für die Einheit findet sich in der Wissenschaft mit ihrer Fähigkeit, Menschen zu vereinen, wie Hollinger (2011) feststellte, dass die Wissenschaft "ein Mittel der kulturellen Integration ist, nicht wegen des Wissens, das die Bürger erlernen könnten, sondern wegen ihrer Fähigkeit, Menschen mit unterschiedlichem Hintergrund in einer einzigen und edlen Disziplin des Geistes zu vereinen." Eng verbunden mit dieser Ansicht ist das, was die Griechen (Platon, Aristoteles und die Stoiker) als die Einheit der Tugenden ansahen, basierend auf der Idee, dass "Tugend im Wesentlichen Wissen beinhaltet ... dieses Wissen ist im Wesentlichen ganzheitlich" (Wolf, 2007). Wenn also jemand eine Tugend erwirbt, dann wird erwartet, dass er/sie das Wissen besitzt, um alle anderen Tugenden zu besitzen (Penner, 1972). In ähnlicher Weise haben auch die wissenschaftlichen Disziplinen eine Einheit, wie Galison (1998) erwähnte, dass diese Einheit zwischen den wissenschaftlichen Disziplinen auf der Kombination verschiedener Strategien, Berufe und Arbeitsweisen "zur Herstellung pragmatischer [operativer] Lösungen für unmittelbare Probleme" beruht. Es ist daher hervorzuheben, dass die Einheit ein wesentlicher Bestandteil unserer Existenz ist und es in unserem besten Interesse liegt, sie anzunehmen und die Spaltung aufzugeben.

Zunächst ist es wichtig, den Begriff der Einheit zu definieren, der aus verschiedenen Blickwinkeln unterschiedlich interpretiert werden kann. Für die einen ist Einheit dann gegeben, wenn "Harmonie" und Zusammenhalt herrschen, "die substanzieller sind als das oberflächliche multikulturelle Nebeneinander, das in einer Tourismusbroschüre präsentiert wird" (Lim, 2010). Für andere bedeutet es, dass Menschen in der Lage sind, miteinander zu leben und sich zu unterhalten, ohne sich aufgrund ihrer Religion oder ethnischen Zugehörigkeit als unterschiedlich zu betrachten. Andere wiederum meinen, dass es sie nur in der Vergangenheit gab, als "Rasse und Religion keine Barrieren bildeten, die die Menschen voneinander trennten" (Lim, 2010). Daraus könnte man schließen, dass die Verwirklichung der Einheit in unserer heutigen Zeit kein unmögliches Ziel ist, wenn es richtig geplant und umgesetzt wird.

Das Buch besteht aus drei Teilen und beginnt mit Beispielen einiger Katalysatoren der Einheit. Im ersten Teil wird das Thema Einheit und Teilung anhand der Wahrnehmung dieses Themas in verschiedenen Ländern (USA, Belfast, Rowanda, Osttimor und Malaysia) untersucht, die auf der Grundlage ihrer Darstellung verschiedener Kontinente und der Tatsache, dass dieses Thema in diesen Ländern existiert, ausgewählt wurden. Im zweiten Teil werden Beispiele aus der Belletristik analysiert, in denen diese soziale Frage der Teilung und Einheit dargestellt wird. Im drittletzten Teil werden zwei Kurzgeschichten hinzugefügt, um die Einheit mit Hilfe der Fiktion als Ausdrucksmittel weiter zu veranschaulichen. Der Autor ist der Meinung, dass, wie Zola behauptete, "Fiktion und Fakten austauschbar werden; Erzählen und Lehren sind, [wie] Zola vorschlägt, sich gegenseitig verstärkende Beschäftigungen (Counter, 2014). Mit anderen Worten: Die Fiktion ist ein Spiegelbild dessen, was in unserer Welt geschieht.

KAPITEL 2

Beispiele für einige Unity-Katalysatoren

Die Schaffung von Mythen kann zur Einheit von Völkern führen, wie im Fall des walisischen Bischofs Geoffrey von Monmouth, dem es 1136 gelang, die Geschichte der Könige von Britannien zu vervollständigen, und der behauptete, dass Cadwallader, der letzte König der Briten, mit Brutus verbunden war, dem ersten "britischen König", der ein Enkel von Aeneas von Troja war. Dieser Mythos diente dazu, die Feindseligkeit zwischen den Briten, Angelsachsen und Normannen abzubauen und sie zu einer einzigen Nation zusammenzuführen" (Cusack, 2001). Mit anderen Worten, dieser Brutus-Mythos führte, wie Cusack (2001) behauptet, zur Mobilisierung "der Menschen um eine gemeinsame Kultur herum, um die verschiedenen Gruppen zu vereinen ... und eine gemeinsame nationale Identität zu finden."

Ein weiteres Beispiel für den Einfluss von Mythen bei der Herstellung von Einheit ist der Bantu-Einheitsmythos, der von der äquatoguineischen Elite geschaffen wurde, um alle Clans und Stämme zu einer gemeinsamen Kultur und Identität zu vereinen und so den Grund für das Fehlen von Demokratie in Guinea zu erklären. Einer der Glaubenssätze der Bantu-Kultur besagt, dass die Zukunft und der gegenwärtige Zustand der Menschen von der Vorbestimmung bestimmt werden, d.h. wenn man zum Beispiel dazu bestimmt ist, Präsident zu werden, wird man es auch werden, und egal wie sehr sich andere bemühen, ihren Status zu ändern, sie werden es nicht schaffen.

Die chinesische Mythologie könnte auch als Beispiel für einen Einheits-Katalysator dienen, der in China zur Erreichung dieses Ziels eingesetzt wurde. Loewe (1994) stellte fest, dass sich der Mensch zwischen Himmel und Erde befindet und daher von der Kraft des Schicksals beeinflusst wird. Er stellte auch die Sichtweise des chinesischen Volkes auf die Einheit dar und erklärte, dass die Chinesen sich in Bezug auf den Intellekt als anderen Menschen überlegen betrachten. Sie glaubten an die Mythologie,

4

die auf der Vergangenheit und dem goldenen Zeitalter basiere, in dem einige Herrscher das chinesische Volk glücklich, wohlhabend und sicher gemacht hätten. Nach Loewe (1994) sehen die Chinesen das Universum als Einheit an, da sie glauben, dass sie Teil des Ganzen sind und bestimmte Rollen haben, die sie erfüllen sollten, so dass "ihr Leben und ihre Angelegenheiten ein organisches Ganzes bilden, das in Harmonie mit anderen Teilen des Kosmos sein sollte."

Als die chinesischen Han-Kaiser im Jahr 220 abdankten, war in China ein Gefühl der Einheit entstanden, da sie sich als eine einzige politische Einheit betrachteten und nicht mehr an mehrere göttliche Mächte glaubten, sondern an einen einzigen Himmel. Die Chinesen glaubten an das Konzept der Einheit und daran, dass es bestimmte Elemente gibt, die in diesem Einheitskonzept eine Rolle spielen, wie die "institutionelle Praxis oder die sozialen Beziehungen, die bereits für jeden Versuch, die Menschheit unter einer einzigen Ägide zu organisieren, wesentlich waren" (Loewe, 1994). Die Chinesen würden sich gerne als Herrscher über die Menschheit sehen, aber sie finden es schwierig, dieses Ziel zu erreichen.

Medien können ein Katalysator für Einheit und Spaltung sein. Im ersten Fall können die Medien die Menschen vereinen, indem sie ihren Nationalismus entfachen, wie im Fall der globalen Olympischen Spiele (Mihelj, 2008). Darüber hinaus können die Medien vor allem bei der Übertragung traumatischer Ereignisse zur Spaltung beitragen. Mit anderen Worten: Wenn Medien in Krisenzeiten zu einem Medium zur Unterdrückung abweichender Meinungen werden, führt dies zu einer Spaltung (Snyder, 1997). Die Medien können dies durch ihre lexikalische Wahl bei der Präsentation der Nachrichten erreichen. Wie Mihelj (2008) argumentiert, können beispielsweise Personen in einem Medienunternehmen als "Terroristen" und in einem anderen als "Freiheitskämpfer" bezeichnet werden. Außerdem können Ereignisse in einem Medienkontext als "brutale Aggression" und in einem anderen als "legitimer Verteidigungsakt" wahrgenommen werden.

Ein weiterer Einheitskatalysator ist die nationale Einheit, die, wie Rossbacher (1997) feststellte, durch die Verflechtung von ethnischer Zugehörigkeit, Klasse, Geschlecht und Geografie entsteht, die die Grundlage der nationalen Identität bilden. Anderson (1991) beschrieb nationale Gemeinschaften als "ausgefeilte politische und ideologische Konstruktionen, kulturelle Artefakte, die von einem Selbstbewusstsein geschaffen werden, das sich auf eine große Vielfalt sozialer Terrains einlässt, um mit einer entsprechend großen Vielfalt politischer und kultureller Konstellationen zu verschmelzen und verschmolzen zu werden."

Der wichtigste Katalysator, der uns verbindet, ist die Tatsache, dass wir Menschen sind und dass wir über intellektuelle Fähigkeiten verfügen, die uns in die Lage versetzen, die Probleme zu lösen, mit denen wir in dieser Welt konfrontiert sind. Mit anderen Worten: Unsere Menschlichkeit verbindet uns, und dies sollte den Kindern von klein auf über die Schule, die Eltern und die Gesellschaft eingeimpft werden, damit sie in einer Kultur der globalen Einheit aufwachsen können.

KAPITEL 3

Spaltung der Afroamerikaner und die Kultur der Einheit

Die Rassentrennung und -diskriminierung hat in den Vereinigten Staaten einen hohen Tribut gefordert, und ihre Auswirkungen sind in allen Bereichen des Lebens spürbar. Du Bois (1989) vertrat die Ansicht, dass ein Afroamerikaner sich immer so sieht, wie andere ihn sehen, und dass er immer ein Gefühl des Mitleids und der Verachtung der anderen hat. Dennoch wird ein Afroamerikaner weder "Amerika afrikanisieren" noch "seine Negerseele in einer Flut von weißem Amerikanismus ausbleichen" (zitiert in Terrill, 2009). Trotz dieser Spaltung basiert die Kultur der Amerikaner darauf, die ganze Nation als Einheit zu sehen. Allen (2004) stellt fest, dass die Trope der Einheit die Tatsache verstärkt, dass die Menschen, um ihre Unterschiede zu verstehen, in der Lage sein müssen, eine "gemeinsame Basis" zu erreichen und zu erhalten. Wenn sie sich nur auf ihre rassische Trennung konzentrieren, würde dies ihre kollektive Identität gefährden, die homogen sein sollte, um Einheit zu erreichen.

Obama, dessen Vater schwarz und dessen Mutter weiß ist, äußerte sich wie folgt:

> Dass wir viele unterschiedliche Geschichten haben, aber gemeinsame Hoffnungen hegen;
>
> > dass wir vielleicht nicht gleich aussehen und nicht vom selben Ort kommen, aber wir alle in dieselbe Richtung gehen wollen, um eine bessere Zukunft für unsere Kinder und Enkelkinder zu erreichen. (Terrill, 2009)

Obama versucht in der oben genannten Rede, die Gemeinsamkeiten zu verdeutlichen, die die Amerikaner vereinen könnten, nämlich die Zukunft ihrer Kinder und Enkelkinder zu verbessern. Was Obama behauptet, ist nicht nur das, was die Amerikaner wollen, sondern dieses Ziel wird von allen Eltern in der Welt geteilt, die Kinder und Enkelkinder haben, da sie immer wollen, dass sie ein besseres Leben haben als sie selbst.

Dieser Gedanke, trotz aller Unterschiede vereint zu sein, wurde auch von Rowland und Jones (2007) erörtert, als sie behaupteten, das amerikanische Volk sei ähnlich und mit anderen verbunden, aber dennoch von ihnen getrennt. Mit anderen Worten, sie behaupteten, dass die

"Die Amerikaner genießen die Einheit trotz der Vielfalt und sind davon überzeugt, dass das Leiden eines Einzelnen das Leiden aller ist." Hätte man diese Philosophie in der arabischen Welt übernommen, in der es Menschen gibt, die derselben Rasse angehören, dieselben Merkmale haben und dieselbe Sprache sprechen, dann hätte man sich vielleicht all die Katastrophen ersparen können, die sich in Syrien, im Jemen, im Irak, in Libyen und im Sudan ereignet haben. In all diesen Ländern könnten sie sich der Einheit erfreuen, wenn sie sich auf das konzentrieren würden, was sie eint, und nicht auf religiöse Sekten, die sie spalten könnten.

Es gibt nicht nur eine Spaltung zwischen den weißen Amerikanern und den schwarzen Afroamerikanern, sondern es entstand auch eine neue Art der Klassenspaltung zwischen der schwarzen Mittelschicht oder Bourgeoisie und der armen Unterschicht der Afroamerikaner. Dies wurde von Gates (1994) festgestellt, der als Sohn eines Fabrikarbeiters, dem es gelang, Professor in der Ivy League zu werden, eine Klassenmobilität durchlief. Er stellte fest, dass die Fernsehauftritte der Farbigen sie dazu brachten, sich zu vereinen und alle Klassengrenzen zu überschreiten. Dies zeigte sich darin, dass sie alle gerne eine Folge von Amos und Andy anschauten, in der es farbige Anwälte, Krankenschwestern und Ärzte gab. Gates (1994) vertrat die Ansicht, dass das Anschauen solcher Episoden bei Afroamerikanern dazu führte, dass ihre "Bestrebungen der Mittelklasse und ihre rassische Zugehörigkeit synonym erscheinen", so dass das schwarze Gemeinschaftsleben dazu beiträgt, die Klassenspaltung zwischen Afroamerikanern, die der Mittel-/Bourgeoisie und der Unterschicht angehören, zu beseitigen. Murray (2010) erwähnte, dass die afroamerikanische Bourgeoisie unter dem Vorwand, ihren Brüdern aus der armen

Unterschicht zu helfen, ihre eigenen "Vorstellungen von Höflichkeit, Anstand und kultureller Authentizität" den armen Afroamerikanern aus der Unterschicht auferlegte, was dazu führte, dass sie deren politische Autonomie an sich riss. Daraus könnte man schließen, dass die Spaltung nicht nur zwischen Menschen unterschiedlicher Religion oder Rasse stattfinden muss, denn die soziale Mobilität im kapitalistischen System trennt auch Menschen, die zwar der gleichen Rasse angehören, aber durch ihre soziale Klasse getrennt sind.

Die afroamerikanische Klassenspaltung im kapitalistischen System ist in den afroamerikanischen Romanen dargestellt worden. Murray (2010) glaubt, dass eine Interpretation der

Afroamerikanische Romane nehmen die Klassenspaltung der Gegenwart zum Anlass, sowohl den Solipsismus der Mittelschicht als auch ihr widersprüchliches Streben nach Hegemonie über die [armen, unterprivilegierten] Schwarzen zu anatomisieren. Murray (2010) zeigt diese Spaltung in zwei Romanen, nämlich in Lees' Roman *Sarah Phillips* (1984) und in Johnsons Roman *Dreamer: A Novel.* Im ersten Roman möchte Sarah diese Spaltung überwinden, da sie der bürgerlichen Klasse angehört und sich danach sehnt, zu ihren afroamerikanischen Ursprüngen zurückzukehren. Im letztgenannten Roman zeigt Johnson die "Hartnäckigkeit" der Klassenspaltung und wie Martin Luther King die Figur des Smith, die ihm ähnelt, so sieht, als sei sie sein verdrängter "Doppelgänger". Murray (2010) argumentiert, dass Johnson in seinem Roman *Dreamer* versucht, "die materiellen, klassenbedingten Trennungen zwischen [King und Smith] aufzulösen ..., indem er eine mystische Darstellung des öffentlichen Redens produziert." Dies ist der Fall, wenn King eine Rede hält und Smith das Gefühl hat, dass alles, was gesagt wird, genau das ist, was er fühlt, so dass es so ist, als ob King seine Stimme ist, was die Tendenz zeigt, diese Trennung zu überwinden und dass sie trotz der Klassenunterschiede zwischen ihnen vereint sein könnten.

Terrill (2009) stellt fest, dass Amerika hauptsächlich durch die Rasse geteilt wird.

Hepburn (2008), ein Kolumnist für den Toronto Star, erinnert die Amerikaner mit folgenden Worten:

[Im Laufe der Jahre sind viele in den USA zu der Überzeugung gelangt, dass ihr Land integrierter denn je ist, dass Schwarze und andere Minderheiten mehr und mehr Teil des amerikanischen Mainstreams werden. Aber die USA sind immer noch ein Land, in dem Schwarze und andere Minderheiten im Durchschnitt ärmer sind als Weiße, in dem arbeitende Schwarze weniger Geld verdienen und eine höhere Arbeitslosenquote haben als Weiße.

Man kann also feststellen, dass die Schwarzen und die Minderheiten wissen, dass sie anders sind als die Weißen in den USA, und dass dieser Unterschied in der Hautfarbe dazu führen kann und in vielen Fällen dazu geführt hat, dass sie von der Polizei angehalten und in einigen Fällen ermordet wurden. Dennoch ist das amerikanische Volk immer noch geeint, und diese Rassendiskriminierung hat die Sicherheit des Landes nicht beeinträchtigt, wie dies in Syrien, Irak, Jemen und Sudan der Fall ist.

Nach Tabishat (2012) können die "sozialen Kräfte" in einer Gesellschaft deren Einheit und Spaltung bewirken. Wenn es also in einer Gesellschaft soziale Ungerechtigkeit gibt, entsteht ein Gefühl der Uneinigkeit, und schließlich erkennen die Teile der Gesellschaft, dass sie sich fälschlicherweise vorgestellt oder angenommen haben, sie seien vereint, während sie in Wirklichkeit zersplittert und gespalten sind. Dies kann dann zu einer Konfrontation mit den Machthabern führen. Daraus könnte man schließen, dass die Macht in den USA stark genug ist, um jeden Aufstand gegen Rassendiskriminierung niederzuschlagen, oder dass die soziale Ungerechtigkeit nicht das Ausmaß erreicht hat, das eine Revolution oder einen Bürgerkrieg auslöst. Daher wird in einigen Fällen und Ländern die Einheit der Gesellschaft aufrechterhalten und erzwungen, um ihre Sicherheit und Stabilität zu gewährleisten.

KAPITEL 4

Einheit und Spaltung in Belfast

Die Menschen in Irland sind je nach ihrer Zugehörigkeit zu zwei Gruppen geteilt, entweder Katholiken oder Protestanten. Erstere werden als irische Nationalisten bezeichnet, die wollen, dass Nordirland Teil ihres Staates, der irischen Republik, wird, während letztere sich als britische Unionisten bezeichnen, die wollen, dass die Nordinsel weiterhin britisch ist (McGarry und O'Leary, 1995). Um diese auf "ethnischen Spaltungen in Belfast" beruhende Spaltung zu überwinden, wie Nagle (2013) feststellte, bildeten sich verschiedene soziale Bewegungen wie die Transformationisten, die der Meinung sind, dass die Menschen in Bezug auf ihre Klasse vereint werden sollten und dies sie zur Einheit motivieren sollte, da sie Arbeiter sind, die die gleichen Interessen haben. Eine weitere gesellschaftliche Gruppe, die zur Einheit geteilter Städte aufruft, sind die Pluralisten, die laut Nagle (2013) die Einheit der Menschen auf der Grundlage der Akzeptanz ihrer Unterschiede, insbesondere in Bezug auf Geschlecht und ethnische Zugehörigkeit, fordern. Mit anderen Worten: Sie streben nach gemeinschaftlichem Zusammenhalt und Integration anstelle von Spaltung. Eine dritte soziale Bewegung nennt sich Kosmopolit und vertritt die Ansicht, dass die Menschen angesichts der gemeinsamen Gefahren, denen sie ausgesetzt sind, wie der globalen Erwärmung, dem Krieg gegen den Terror, den Atomwaffen und den globalen finanziellen Risiken, geeint sein sollten. Dies sollte für ihr Überleben wichtiger sein als eine Spaltung aufgrund unterschiedlicher Ethnien.

Diese sozialen Bewegungen können zur Schaffung von Frieden beitragen, da sie öffentliche Debatten fördern, in denen Themen, die alle Gruppen betreffen, "erörtert werden können, so dass eine gemeinsame Politik geschmiedet werden kann, und die ethno-nationale Politiker dazu bringen, Identitäten zu akzeptieren, die nicht auf ihre eigenen engen Wahlkreise beschränkt sind" (Nagle, 2013). Er war auch der Ansicht, dass die Zweckentfremdung von Raum und Wohngebieten in geteilten Städten ein

Problem darstellt, da sie die Menschen aufgrund ihrer ethnischen Zugehörigkeit voneinander trennt. Dies könnte auch durch soziale Bewegungen gelöst werden, indem der getrennte öffentliche Raum neu gestaltet und geplant wird, um die Politik der Gemeinsamkeit widerzuspiegeln. Daraus könnte man schließen, dass sich die Menschen, um Einheit zu erreichen, auf Themen konzentrieren müssen, die sie teilen, seien es gemeinsame Ideen, Glauben, Strategien, Bestrebungen oder Sprache. Denn wenn die Aufmerksamkeit auf die Spaltung gelenkt wird, dann werden Konflikte und Unsicherheit vorherrschen, die in einigen Fällen zu Bürgerkrieg und Unruhen führen können.

KAPITEL 5

Einheit und Spaltung in Rowanda nach dem Völkermord

Die ethnische Spaltung zwischen den Hutu- und Tutsi-Stämmen in Rowanda führte zu einem katastrophalen Völkermord, bei dem "eine Million Menschen getötet wurden - hauptsächlich die Tutsi-Minderheit, die von der Hutu-Mehrheit angegriffen wurde (Moss und Vollhardt, 2016). Die Regierung setzte eine soziale Rekatogarisierung durch, bei der die Menschen in Rowanda eine gemeinsame Identität wie die Nationalität oder andere gemeinsame Gruppenzugehörigkeiten annehmen, anstatt durch verschiedene ethnische Gruppen getrennt zu sein. Dies wird als "übergeordnete Identität" bezeichnet.

Das Ziel der ruandischen Regierung ist die Stabilität des Landes, und es ist ihr gelungen, "den Frieden durch ihr Bemühen um Einheit und Versöhnung zu festigen" (Silva-Leander, 2008). Die Gründe für diese Politik werden wie folgt dargelegt:

> Die Politik der einheitlichen Rekategorisierung ist ein Eckpfeiler der Einheits- und Versöhnungspolitik der autoritären Regierung. Drei Hauptargumente werden von der ruandischen Führung angeführt, um die Abschaffung ethnischer Identitäten zugunsten einer einheitlichen ruandischen Identität zu legitimieren: (1) ethnische Identitäten sind illegitim und fremd (d. h. von den Kolonialherren konstruiert); (2) sie können politisch manipuliert und mobilisiert werden; und (3) Identitäten sind sozial konstruiert und können aufgegeben werden. (Moss, 2014)

Die Strategie der Regierung Rawandas zur Beendigung der Teilung bestand in der Unterdrückung ethnischer Identitäten, die "sowohl von den kolonialen als auch von den postkolonialen Machthabern verschärft worden waren, vor allem durch die Ablehnung und Verurteilung ... kolonialer Lehren" (Silver-Leander, 2008). Sie änderte auch die Namen der wichtigsten Straßen, Bezirke und Städte, die mit ethnischen Gruppen oder früheren Regimen in Verbindung gebracht wurden.

Moss und Volhardt (2016) führten halbstrukturierte Interviews mit sechsundfünfzig ruandischen Teilnehmern und nutzten eine qualitative thematische Analyse dieser Interviews, um die Reaktion der Teilnehmer auf diese Rekatogarisierungspolitik zu ermitteln. Die Ergebnisse zeigten, dass die meisten Teilnehmer dieser neuen Politik zustimmten, da sie der Meinung waren, dass die ethnische Teilung von den belgischen Kolonisatoren geschaffen wurde und dass es wichtige Gründe gibt, die die Unterdrückung der Unterschiede für die wirtschaftliche Entwicklung und Stabilität unerlässlich machen. Einige Teilnehmer waren der Meinung, dass es Flexibilität und Offenheit geben sollte und dass diese eine Identität als Übergangsschritt beibehalten werden könnte, um den Menschen später die Möglichkeit zu geben, ihre Unterschiede zu diskutieren. Andere Teilnehmer lehnten diese eine Identität ab, weil sie der Meinung waren, dass es in der Realität Unterschiede zwischen den verschiedenen Gruppen gibt und dass sie diskriminiert werden (Moss und Volhardt, 2016). Diese Teilnehmer fügten auch hinzu, dass die Einheit den Menschen nicht aufgezwungen werden kann. An dieser Stelle ist es wichtig festzuhalten, dass die Menschen, solange sie nicht davon überzeugt sind, dass die Einheit an sich ihr Land vor dem Ausbruch künftiger Konflikte und Völkermorde bewahrt, niemals in der Lage sein werden, die "übergeordnete" ruandische Identität zu akzeptieren.

Die Spaltung der ruandischen Gesellschaft wurde von den Teilnehmern ebenfalls erörtert, wobei die Ursachen für diese Spaltung in der Gleichheit der gemäßigten Hutus liegen, die zusammen mit den Tutsi im Völkermord getötet wurden. Darüber hinaus wurde die Diskriminierung zwischen ethnischen Gruppen in Rowanda, wie von den Teilnehmern angegeben, im Bildungswesen, bei der "Verteilung der politischen Macht" (Moss und Volhardt, 2016) und bei der Beschäftigung wahrgenommen. Um eine einheitliche, übergeordnete Identität in Rowanda durchzusetzen, sollte es folglich Gleichheit zwischen den ethnischen Gruppen in Bezug auf Arbeitsplätze, Bildung, politische Macht und die Anerkennung der Leiden aller ethnischen Gruppen geben.

Daraus ließe sich ableiten, dass die Einheit zwischen den Menschen nur dann hergestellt werden kann, wenn Gleichheit herrscht und die Existenz von Unterschieden in einer Gesellschaft (ethnische Gruppen) berücksichtigt wird, die diskutiert werden können, ohne dass es zu öffentlichen Hassreden kommt, die Konflikte und Instabilität hervorrufen. Mit anderen Worten, eine übergeordnete ruandische Identität könnte eine Übergangsphase sein, die schließlich zu einer doppelten Identität führt, die die erste, hauptsächliche ruandische Identität und die zweite, ethnische Gruppenidentität umfasst. Denn Einheit kann nicht wie eine "Spritze" verabreicht werden, sondern ist ein Prozess, der Zeit braucht (Moss und

Volhardt, 2016). Es ist interessant, darüber nachzudenken, dass eine gewaltsame Auferlegung der Einheit in dem Sinne fehlinterpretiert werden könnte, dass sie ein Deckmantel für ethnische Bevorzugung ist, wenn die Regierung keinen Raum für politischen Dissens zulässt, der ein wesentlicher Bestandteil der Aufrechterhaltung der Gleichheit ist, die wiederum zur Aufrechterhaltung der Einheit führen kann. Das Streben nach Einheit und Stabilität in jedem Land erfordert daher eine angemessene langfristige Planung und Organisation.

Die durch Diskriminierung und Ungleichheit hervorgerufene Spaltung kann dazu führen, dass manche Menschen aufgrund ihrer Zugehörigkeit zu einer bestimmten ethnischen Gruppe, ihrer unterschiedlichen politischen Ansichten oder ihrer Zugehörigkeit zu einer bestimmten Religion in Angst und Gefahr leben. Ein Beispiel dafür ist Nordamerika, wo die Reaktionen der Menschen untereinander erforscht und bewertet werden. Plaut (2014) bekräftigt die Notwendigkeit, rassische und ethnische Unterschiede anzuerkennen, da deren Ignorierung schädlich ist, wenn es darum geht, ein integratives Umfeld zu schaffen. Mit anderen Worten: Um Einheit zu erreichen, müssen wir Unterschiede anerkennen und akzeptieren, unabhängig davon, ob sie mit unserer ethnischen Herkunft, Rasse oder Religion zusammenhängen. Darüber hinaus ist es für die Verwirklichung unseres Ziels der Einheit unabdingbar, dass wir zusammenhalten, um auf der Grundlage unserer gemeinsamen grundlegenden menschlichen Eigenschaften, Werte, Überzeugungen, Sprache, Nationalität, Interessen und Visionen zu koexistieren.

Die Einheit sollte nicht nur in Rowanda, sondern in Afrika als Ganzes hergestellt werden. Caceres (2011) stellte fest, dass das kollektive Handeln der afrikanischen Länder durch "Machtverteilung", "Sicherheitskonsolidierung" und "wirtschaftliche Entwicklung" erreicht werden kann, indem sie durch Einigkeit mehr Stärke erlangen. Daher sollte Afrika gemeinsam handeln, d. h. "im Rahmen eines kohärenten und koordinierten Ansatzes zusammenarbeiten, [der] seine privilegierte Position und seine komparativen Vorteile stärken kann, um Ordnung, Frieden, Wohlstand, Sicherheit und Wohlergehen für seine Bevölkerung zu erreichen" (Caceres, 2011). Das bedeutet, dass die wirtschaftliche Entwicklung, die Machtverteilung und die Konsolidierung der Sicherheit von den Staaten gemeinsam gefördert werden können. Diese kollektiven Maßnahmen setzen voraus, dass sie durch Einigkeit mehr Stärke erlangen. Wenn Afrika gemeinsam handelt, d. h. im Rahmen eines kohärenten und koordinierten Ansatzes, kann es seine privilegierte Position und seine komparativen Vorteile nutzen, um Ordnung, Frieden, Wohlstand, Sicherheit und Wohlergehen für seine Bevölkerung zu erreichen.

KAPITEL 6

Einheit und Spaltung in Ost-Timor

Die Republik Timor-Leste, die 2002 von der Kolonialherrschaft unabhängig wurde, ist ein deutliches Beispiel für die Bedeutung der Einheit zur Erreichung von Unabhängigkeit und Entwicklung. Das Volk von Timor-Leste, das auf einer Insel in Südostasien in der Nähe von Australien liegt und jahrelang unter kolonialer Unterdrückung litt, nutzte die Literatur als Instrument, um seinen Widerstand gegen die Kolonialisierung und seinen Ruf nach Einheit zur Erlangung der Freiheit zum Ausdruck zu bringen. Dies kommt in Gedichten und Romanen zum Ausdruck, die geschrieben wurden, um das timoresische Volk über die Notwendigkeit der Einheit aufzuklären. Dies zeigt sich auch darin, dass 1974 eine politische Front namens FRETILIN (Revolutionäre Front) für ein unabhängiges Timor-Leste gegründet wurde, die die dringende Notwendigkeit der Einheit forderte, damit das Land die Unabhängigkeit von der ausländischen portugiesischen Kolonisation erreichen konnte (Soares, 2009). Denn die Kolonialherren waren stets bestrebt, das Volk zu spalten, um seine Unterwerfung und Unterdrückung zu gewährleisten.

Die FRETILIN-Front war nicht die einzige politische Partei, die sich bildete, denn es gab noch zwei weitere Parteien: die Timoresische Demokratische Union, die eine Föderation mit Portugal anstrebte, und eine weitere Partei, die Timoresische Demokratische Volksvereinigung, die eine Assimilation mit dem benachbarten Indonesien anstrebte (Lisson, 2008). Die Unterstützung der Bevölkerung lag bei der FRETILIN und der Timoresischen Demokratischen Union. Als diese beiden Parteien vereint waren, war das Land stabil, bis es zu einer Spaltung zwischen ihnen kam, insbesondere durch den gescheiterten Staatsstreich, der 1975 von der Demokratischen Union Timoras organisiert wurde. Durch diesen Sieg wurde die FRETILIN ermutigt, im November 1975 die Unabhängigkeit zu erklären, was zu einer vollständigen Invasion Timor-Lestes durch Indonesien führte, da eine kommunistische Infiltration befürchtet wurde (Lisson, 2008). Es ist erwähnenswert, dass die oben genannten Vorfälle die Tatsache widerspiegeln, dass die Teilung ein Faktor ist, der ein Land schwächt und es anfällig für Invasion und Besetzung macht.

Die Unterschiede und Trennungen zwischen den Timoresen wurden mit Bächen verglichen und ihre Einheit mit Flüssen. Soares (2009) erklärte, dass ein Einheitsgedicht geschaffen wurde, um zur Einheit aufzurufen, und seine Übersetzung wird in den folgenden Sätzen erwähnt:

> Zusammenfließende Ströme werden zu Flüssen. Flüsse, die sich vereinigen, welche Kraft kann sich ihnen entgegenstellen. So müssen sich auch die Timoresen zusammenschließen. Sie müssen sich zusammentun, um sich dem Wind zu widersetzen, der vom Meer her weht, und der damit endet, dass er erklärt: "Zusammenfließende Ströme werden zu Flüssen".

Es ist erwähnenswert, dass das oben genannte Gedicht hauptsächlich auf Bilder setzt, um die Menschen zu erreichen, damit sie den Weg, den sie einschlagen sollten, verstehen können. Die Ströme stehen hier für die Trennung, die zwischen ihnen in Bezug auf Sprache und Ethnizität besteht. Darüber hinaus verkörpern die Flüsse ihre Einheit im Angesicht ihres Feindes, der in dem Gedicht der Wind ist, der vom Meer her weht.

Ein anderes Sonett mit dem Titel "Patria", das ebenfalls als Zeichen dafür gedacht ist, wie das Land Timor nach der Unabhängigkeit aussehen wird, auch wenn dies mit Gewalt verbunden ist, nennt ebenfalls die Einheit als Eigenschaft, die das Volk von Timor genießen wird, wie die folgende Übersetzung zeigt:

> Das Vaterland ist also die Sonne, die das starke Bindeglied zwischen den Generationen ist, die es durchlaufen. Vaterland ... ist ein Grab ... es ist ein neuer Schritt, durch ihr Leben ... Zur ... Unabhängigkeit oder Tod! Wiege des Lebens, des Stolzes, der Vereinigung der Freude, der Liebe, des Gefühls, der Vergangenheit und des Erbes! Der Klang einer Kugel Vaterland.(Soares, 2009)

Das obige Sonett bezieht sich auf die Einheit der Gefühle von "Stolz", "Freude" und "Liebe", die das timoresische Volk teilen wird, wenn es seine Unabhängigkeit genießt.

Eine andere Art von Einheit, die in dem oben genannten Sonett ebenfalls betont wird, ist die Einheit ihrer "Vergangenheit und ihres Erbes", die sie angesichts ihrer Kolonisatoren definitiv vereinen sollte. Die Geschichte Timors ist ein anschauliches Beispiel dafür, wie wichtig die Einheit im Angesicht der Spaltung ist, um den Frieden und die Unabhängigkeit des Volkes zu sichern.

KAPITEL 7

Einheit und Spaltung in Malaysia aus der Sicht von Lloyd Fernandos *Green is the Colour* (1993)

Die Einheit in Malaysia wird nur dann als gegeben angesehen, wenn die Barrieren, die einige Menschen beseitigen wollen, wie Religion und Rasse, beibehalten werden, denn nur dann bleiben die Menschen vereint. Das liegt daran, dass die Menschen vereint sein und dennoch ihre Religion und die Kultur ihrer Rasse bewahren können. Angst und Hass sind zwar in jeder multikulturellen Gesellschaft bis zu einem gewissen Grad vorhanden, doch waren sie eher eine Folge des "13. Mai", der von den Besitzern der "versteckten Hände" verursacht wurde, die die Ergebnisse der Parlamentswahlen von 1969 nicht akzeptieren konnten und unter dem Vorwand der Machtergreifung zu rassistischer Gewalt aufriefen. Die Zahl der Todesopfer belief sich auf 2000, wobei es sich überwiegend um Chinesen handelte (Lim, 2010). Die rassistische Gewalt vom 13. Mai brach aus, nachdem die malaysischen Chinesen ihren Sieg bei den Parlamentswahlen mit einer Parade gefeiert hatten.

Nach Lim (2010) war nicht nur die Rassentrennung der Grund für die Gewalt am 13. Mai durch die Chinesen, sondern auch die verborgenen Kräfte, die er in "*Grün ist die Farbe" anführt*. Das heißt, wenn es zunächst darum ging, wie die rassifizierten Ethnien daran gehindert werden können, sich zu spalten und zu polarisieren, sollte das Problem nun neu formuliert werden: Wie können sich die Malaysier über die strukturellen Trennlinien (Rasse, Religion, Klasse und Geschlecht) hinweg vereinigen, um eine weitere Spaltung und Manipulation durch politische Eliten zu verhindern, die im Namen von Rasse, Religion, Volk und Nation sprechen. Mit anderen Worten, von den Malaysiern wird nicht nur Liebe und Verständnis verlangt, sondern sie müssen den Verlust der Einheit radikalisieren.

Quayum (2007) stellt in seinem Beitrag zu "*Grün ist die Farbe" die* folgende Frage: Wie kann Malaysia mit seiner Pluralität und Vielfältigkeit zur Einheit finden?

20

Dies ist die zentrale Frage, die der Autor in seinem Roman stellt, und seine Antwort lautet sowohl implizit als auch explizit: durch Verständnis, Liebe, gegenseitigen Respekt, natürliche Integration der Rassen und vor allem durch die Abkehr von extremistischen und ultraradikalen, rassistischen und religiösen Ansichten zugunsten einer dialogischen Vision, die im Interesse der Förderung von Gemeinschaft und Frieden die unterschiedlichsten Ansichten berücksichtigt.

Die oben genannten Worte geben universelle Qualitäten, die Einheit erreichen können, aber Fernando's Roman *Grün ist die Farbe* zeigt die Spaltung, die aufgrund der Existenz von verschiedenen Ethnien, die malaiisch-muslimische, chinesische und Inder gehören existiert. .

In *Grün ist die Farbe* porträtiert Fernando (1993) verschiedene Figuren, die unterschiedlichen Religionen angehören. Omar, der ein Malaie/Moslem ist, glaubt wie alle anderen Moslems in Malaysia, dass sie zuerst nach Malaysia gekommen sind und dass die anderen Ethnien, die nach ihnen gekommen sind, verstehen sollten, dass die ersteren die Kontrolle haben und die Macht in ihren Händen halten sollten. Mit anderen Worten, wie Lim (2010) feststellte, bemühen sich einige der Romanfiguren vorsichtig, ihre "liberalen, egalitären Ideale" über Malaysia aufrechtzuerhalten, während "andere, getrieben von der Ideologie der malaiisch-muslimischen Vorherrschaft, unapologetisch versuchen, Nicht-Malaien/Muslime mit ihren ungläubigen Kulturen und Ideen an den Rand der Macht zu drängen."

Es ist wichtig, hier festzuhalten, dass die ethnische Spaltung in Malaysia, wie sie in Fernandos Roman *Grün ist die Farbe* dargestellt wird, der Hauptgrund für den Verlust der Einheit und den Ausbruch des Blutvergießens am 13. Mai 1969 war, und dass die Malaysier ihre verlorene Einheit, die sie in der Vergangenheit genossen hatten, wiederherstellen. Sarah, die Frau von Omar im Roman, drückt mit den folgenden Worten ihren Glauben an die Einheit und "Zusammengehörigkeit" des malaysischen Volkes trotz seiner Rassenunterschiede aus, als sie in den USA war und vom Ausbruch der Gewalt am 13. Mai hörte:

> [Sie hatte sich mit ihren amerikanischen Freunden darüber gestritten, ob Malaien Chinesen und Inder töteten oder umgekehrt [...]. Sie fügte hinzu, dass wir schließlich ein neues Land aufbauen, dass wir unsere eigene Zukunft planen und dass wir unsere Probleme lösen werden, wenn sie entstehen. Sie entwickelte und hielt an der Verwendung des Plural-Personalpronomens fest, weil es sie beruhigte: Es weckte Gefühle des Patriotismus, der Liebe zu den Mitbürgern, ob Malaien, Chinesen, Inder oder Eurasier. Sie befreiten sie von der Frage, was wirklich geschehen war. Sie wusste, dass sie es nicht wirklich wissen wollte: Sie hatte sich ein fiktives Gefühl der Zusammengehörigkeit mit den Menschen im Abstrakten zu eigen gemacht, um ihr Unbehagen zu verbergen, um ihren halbinstinktiven Wunsch zu verschleiern, nichts zu wissen. (Fernando, 1993)

Aus der obigen Passage könnte man schließen, dass Sarahs Streben nach Einheit den Wunsch des malaysischen Volkes repräsentiert, das die rassischen und religiösen Unterschiede überwinden und erkennen sollte, dass der Weg zu seiner Entwicklung darin besteht, dass es sich auf eine Einheit einlässt, die erreicht werden kann, wenn es sich auf der Grundlage seiner gemeinsamen Menschlichkeit, Nationalität und Interessen zusammenschließt.

KAPITEL 8

Die Spaltung des Selbst in Benjamin Constants "*Adolphe*" (1818)

Die Spaltung tritt nicht nur zwischen Menschen auf, sondern kann auch in einer Person selbst stattfinden, wenn sie ein gespaltenes Selbst hat, wie es in Constants Roman *Adolphe* (1818) zu sehen ist. Adolphe ist eine Figur, die der modernen postrevolutionären Gesellschaft die Schuld für ihren Untergang gibt. Man könnte ihn mit Rousseau in dessen *Bekenntnissen* vergleichen. Doch Adolphe ist eine fiktive Figur, und Constant versucht laut Landy (2009) zu zeigen, dass es sein gespaltener Charakter ist, der ihn unfähig macht, die Wahrheit zu sehen, und der seinen Untergang verursacht hat. In den Augen von Constant und Adolphe hat die moderne Welt den Menschen mit Zweifeln an allem erfüllt, auch an der Liebe. Adolphe ist hier weder in seine Freundin Ellenore verliebt noch ist er nicht verliebt. Er ist dazu nicht in der Lage, weil er ein gespaltenes Selbst hat.

Adolphe versucht, schlechter zu erscheinen, als er tatsächlich ist, denn der Wunsch nach einer Identität hat Vorrang vor dem Versuch, tugendhaft zu erscheinen. Sein gespaltener Charakter wurde von Landy (2009) als eine gespaltene Seele beschrieben, der es nicht gelingt, einheitlich zu erscheinen. Er ist ein Erzähler, der sich in einem Konflikt mit sich selbst befindet, da er manchmal leidenschaftlich engagiert und in anderen Fällen zynisch distanziert erscheint. Landy (2009) argumentiert, dass "statt [Adolphe] die Zeichen einer einheitlichen Autorenstimme zu tragen, die Erzählung eine fortwährende Dichotomie von Visionen, Loslösung und Zerknirschung verrät, die sich endlos mit Nachsicht und Selbstrechtfertigung abwechseln".

Die Wirkung der Sprache auf die Einheit besteht in den Augen von Landy (2009) darin, dass sie in einigen Fällen die "Illusion eines vereinten Selbst, das bloße Gefühl - in dieser fiktiven Welt nicht einmal ein dauerhaftes - der Ganzheit" bieten könnte. Mit anderen Worten: Adolphes Wunsch, eine einheitliche Seele zu werden, ist nicht realisierbar, und die Sprache müsste magisch sein, um den Riss und die Spaltung, die er in seiner Seele spürt, zu vereinen. Mezciems (1977) ist dagegen der Meinung, dass die Sprache Teil der Struktur ist, die eine Einheit schafft, wie zum Beispiel in Swifts "Reise nach Laputa". Mezciems (1977) fügt hinzu, dass die Sprache die Fähigkeit besitzt, Einheit in Form einer Utopie zu vermitteln. Daraus könnte man schließen, dass die Sprache ein Werkzeug ist, das die Schriftsteller bewusst einsetzen, um ihr Thema zu vermitteln, und dass die Sprache zur Erreichung dieses Ziels eingesetzt werden kann, wenn das Ziel des Schriftstellers darin besteht, die Einheit darzustellen.

KAPITEL 9

Religiöse Einheit wie in Bahaa Abdelmegids *Saint Theresa* and *Sleeping with Strangers* (2010) und in Bahaa Tahers *Aunt* Safiyya and the Monastery (1996)

Abdel Megids Roman *Saint Theresa* and *Sleeping with Strangers* (2010) zeigt die Einheit von Moslems und Christen in einem Kairoer Unterschichtenviertel namens Shubra anhand des Lebens der beiden Kindheitsfreundinnen Budur und Sawsan, die Nachbarn waren. Diese Einheit wird in mehreren Szenen dargestellt, z. B. wenn Budur in der Bibel liest, "in Hörweite ihrer freundlichen Nachbarin, ... die den Kopf herausstreckte, um ihr zuzuhören, als könne sie verstehen, was laut gelesen wurde, und bemerkte: 'Jedes Wort von unserem Herrn ist gut'" (Abdelmegid, 2010). Und als Budur am Morgen aufwacht, hört sie aus Sawsans Haus "die Stimme von Shaykh Muhammed Refaat, der leise beredte Verse aus dem Heiligen Koran vorträgt" (Abdelmegid, 2010). Diese Szenen zeigen das Gefühl der gegenseitigen Toleranz und Einheit zwischen Muslimen und Christen, die in Kairo, Ägypten, in derselben Nachbarschaft leben und die Freundschaft des jeweils anderen genießen.

Eine weitere Szene im Roman, die die Neugierde in den Seelen von Muslimen und Christen auf die Religion des jeweils anderen verdeutlicht, ist die, in der Sawsan erwähnt, dass sie bei Budurs Hochzeit in der Kirche nicht zum ersten Mal in der Kirche war, da sie als Kind immer in die Kirche "geschlichen" war und "schöne farbige Porträts der Jungfrau und des Kindes" gemacht hatte und sich fragte: "Warum haben wir Muslime nicht auch Bilder?" (Abdelmegid, 2010). Andererseits geht Girgis, der Ehemann von Budur, zu einem Schmied, um das Kreuzzeichen von seinem Handgelenk zu entfernen, und als es entfernt ist, hat er das Gefühl, dass er ein Mensch wie jeder andere geworden ist, den er trifft - nicht mehr und nicht weniger" (Abdelmegid, 2010). Daraus könnte man schließen, dass Abdelmegid zeigt, wie Christen und Muslime sich nicht voneinander unterscheiden wollen, da sie keine bestimmte Tätowierung haben wollen, die sie von anderen Menschen unterscheidet, die keine Christen sind, und die Muslime wollen Bilder wie die Christen halten. Mit anderen Worten: Menschen, die verschiedenen Religionen angehören, vergleichen ihre Religion mit anderen Religionen und wollen sich auf verschiedene Weise ähnlich sein, um sich vereint zu fühlen.

Sawsan machte keinen Hehl aus ihren Gefühlen der Verbundenheit mit Budur, als sie erklärte, dass sie beide "wie eine einzige Person sind. Du bist ein Teil von mir - ein Teil meines Lebens - und dein Mann Girgis ist wie mein Bruder" (Abdelmegid, 2010). Als Budur sich sarkastisch über das Wort "Bruder" äußerte, rief Sawsan aus: "Seit wann reden wir über Religion - Islam dies und Christentum das? Wir sind Schwestern. Unser Gott herrscht über unsere Herzen: Ich schwöre, ich habe nie das Gefühl gehabt, dass du irgendwie anders bist als ich" (Abdelmegid, 2010). Es ist festzustellen, dass dieses Gefühl der Einheit zwischen Muslimen und Christen immer noch anhält, da das ägyptische Volk derselben Ethnie angehört und Unterschiede in der Religion nicht zu einer Spaltung führen, da sie durch ihre Nationalität und Menschlichkeit verbunden sind.

In Bahaa Tahers *Tante Safiyya und das Kloster* (1996) wird die religiöse Einheit in der Handlung, dem Thema und dem Erzähler des Romans deutlich sichtbar. Die Handlung des Romans dreht sich um einen jungen Muslim namens Harbi, der in einem christlichen Kloster Zuflucht findet, als die Witwe eines Mannes, den er in Notwehr getötet hat, Rache fordert. Der Roman spielt in einem Dorf in Oberägypten, wo Muslime und Christen jahrhundertelang friedlich zusammenlebten. Was das Thema des Romans anbelangt, so zeigt er, dass die religiöse Einheit über den Ritualen der Fehde steht, die in einigen ägyptischen Dörfern vorherrschen. Was den Erzähler betrifft, so erleben wir mit ihm während des gesamten Romans seine Kindheitserinnerungen bis zu dem Zeitpunkt, an dem er ein erwachsener Mann ist, mit mehreren Beispielen in dem Roman für die enge Beziehung, die Moslems und Christen miteinander verbindet. Tahers Wahl der ersten Person Singular als Medium der Erzählung lässt den Leser an seinen inneren Gefühlen und Gedanken teilhaben.

Der Roman zeichnet zu Beginn und am Ende dieses Bild der Einheit zwischen Moslems und Christen. Gleich zu Beginn des Romans, im zweiten Absatz, sagt der Erzähler: "Die Mönche gaben uns in der Saison gezuckerte Datteln einer Sorte, die für ihre kleinen Kerne bekannt war und die nicht von den Dattelpalmen in unserem Dorf stammte, sondern nur von denen, die auf dem Hof des Klosters wuchsen" (Taher, 1996). Der Erzähler, der damals ein Junge war, ging mit seinem Vater jeden Palmsonntag und am 7. Januar (th) zum Kloster, um die Mönche zu grüßen. Außerdem bereitete seine Mutter zum Kleinen Fest nach dem Ramadan immer "die Klosterkiste" vor, in die sie jedes Jahr die gezuckerten Kekse und ghurayyiba als Geschenk legte. Am Ende des Romans lauten die letzten Sätze, die sich der Erzähler selbst stellt, wie folgt:

> Und ich frage mich, ob es immer noch ein Kind gibt, das Kekse in einem weißen Karton ins Kloster bringt.
> Und ich frage mich, ob die Mönche ihren Nachbarn immer noch diese kleinen entkernten, gezuckerten Datteln geben.
> Ich frage mich ...
> Immer wieder frage ich mich ... (Taher, 1996)

Die obigen Fragen könnten rhetorisch sein, denn der Leser kann leicht annehmen, dass die Antwort eindeutig "Ja" lautet, da Muslime und Christen in Ägypten meist in Einheit und Frieden in einer Atmosphäre der Toleranz und des guten Willens gelebt haben.

Das Thema von Tahers *Tante Safiyya und das Kloster* (1996), das dem Leser laut der Übersetzerin des Romans, Romaine (1995), vermittelt wird, ist, dass der Feind Ägyptens nicht in den Menschen liegt, seien es Muslime oder Christen, sondern in dem, was Ägypten gegen sich selbst spaltet, wie "auf einer mikrokosmischen Ebene eine zerstörerische Praxis [Streit], die in einem kleinen ägyptischen Dorf Brüder gegen Brüder aufbringt". Der Erzähler beteuert gegen Ende des Romans, dass er die Miqaddis Bishai liebt, was zeigt, dass es Liebe und Toleranz zwischen Muslimen und Christen gibt und was auch in Tahers Roman *Tante Safiyya und das Kloster* (1996) sowie in *Saint Theresa* und *Schlafen mit Fremden* (2010) zu finden ist.

KAPITEL 10

Einheit und Spaltung in A. B. Yehoshuas *Eine Reise zum Ende des Jahrtausends* (1993)

Die Idee der kulturellen Vielfalt und der nationalen Einheit ist in A. B. Yhoshuas *A Journey to the End of the Millennium* (1993) deutlich zu erkennen. Um dies zu verdeutlichen, müssen zunächst die Elemente der nationalen Einheit aufgeführt werden, zu denen Sprache, Territorium, Rituale und Traditionen gehören können. Der Roman macht auf die unterschiedlichen Rituale zwischen den Juden des Südens und den Juden des Nordens aufmerksam. Die Handlung des Romans dreht sich um einen wohlhabenden südlichen Juden aus Nordafrika namens Benn Attar, der eine Geschäftspartnerschaft mit seinem Neffen Obulafia unterhält, der mit der nördlichen Jüdin Esther-Minna verheiratet ist. Diese Partnerschaft steht für den Wunsch nach einer jüdischen Einheit zwischen dem Norden und dem Süden. Der Konflikt entsteht, als Esther-Minna feststellt, dass der Onkel ihres Mannes zwei Frauen hat und dass er wie die übrigen Juden des Südens die Polygamie befürwortet. Sie ist wütend und bittet ihren Mann, die Partnerschaft mit seinem Onkel aufzulösen, und ihr Mann stimmt zu. Ben Attar ist empört und geht mit seinen beiden Frauen vor Gericht, um Esther-Minna zu verklagen und sie zu einer öffentlichen Verhandlung einzuladen, in der er die Polygamie verteidigt und ihre Abneigung dagegen in Frage stellt. Esther-Minna war besorgt, dass ihr Mann es seinem Onkel gleichtun und ebenfalls zwei Frauen haben würde, und dass sie sich dieser Unterwerfung und unmenschlichen Situation stellen müsste.

Diese Trennung zwischen den südlichen und den nördlichen Juden wird in den Worten von Morhag (1999) wie folgt deutlich:

> Die mittelalterlichen Juden des Südens haben kein Gefühl für soziale Benachteiligung oder ethnische Diskriminierung. Im Gegenteil, sie sind von der Überlegenheit ihrer materiellen und sozialen Kultur gegenü

derjenigen der Juden im Norden überzeugt. Mit nicht geringem
Widerwillen verlassen sie ihre zivilisierte Stadt Tanger und begeben sich
in die kleine, weit entfernte Stadt Paris, die sie als einen abgelegenen
und barbarischen Ort betrachten.

Obwohl Ben Attar seine Partnerschaft mit seinem südjüdischen Neffen
wiederherstellen will, versucht er dennoch, die nordjüdische Esther-Minna von den
Vorteilen der Polygamie zu überzeugen und ihr zu zeigen, dass ein Mann in der Lage
ist, zwei Frauen zu lieben. Esther-Minna ist jedoch der Ansicht, dass es unmenschlich,
entwürdigend und erniedrigend ist, zwei Ehefrauen zu haben, und dass dies für beide
Ehefrauen mit großen Schmerzen verbunden ist. Sie führt das Beispiel der zweiten Frau
von Ben Attar an, die Selbstmord beging, was beweist, dass sie mit ihrem Status
unzufrieden war. Dieser Tod löst Ben Attars Problem, denn er beschließt, seine erste
Frau zu behalten und damit seine Partnerschaft mit seinem Neffen wiederherzustellen.

Es ist wichtig, darauf hinzuweisen, dass der Schwerpunkt hier auf den Begriffen liegt,
die helfen, Menschen mit kulturellen oder rituellen Unterschieden zu vereinen. In
diesem Roman wird deutlich, dass das, was zur Vereinigung von Gemeinschaften
beiträgt, der Akt der Toleranz gegenüber der Vielfalt ist. In *A Journey to the End of the
Millennium* versucht Yehoshu nicht, den Erfolg einer Seite (nördliche Juden) über die
andere (südliche Juden) zu zeigen, sondern dass das, was Menschen, die verschiedenen
Kulturen und Ritualen angehören (Hartman, 1997), vereint, ihr gemeinsames
menschliches Erbe und ihre Ideale sind. Mit anderen Worten: "Indem Esther-Minna
mitfühlende Menschlichkeit und gegenseitige Würde als erste Prinzipien der Liebe
postuliert, bietet sie eine humane Alternative zu dem unterdrückerischen Kodex der
ehelichen Beziehungen [Polygamie], den Ben Attar aufrechtzuerhalten versucht"
(Morhag, 1999). Sie ist der Ansicht, dass die Polygamie die Menschlichkeit und die
Gleichberechtigung der Frauen untergräbt. Hartman (1997) behauptet, dass die
gemeinsamen menschlichen Ideale eine wichtige Grundlage für eine realisierbare
nationale Einheit sind, weil sie "die Gleichheit verkünden und die Würde jedes
Mitglieds der nationalen Gemeinschaft bewahren". Ein wichtiger kritischer Punkt, den

es an dieser Stelle hinzuzufügen gilt, ist die Tatsache, dass das, was das jüdische Volk in dem Roman *Eine Reise ans Ende des Jahrtausends* eint, auf jede Nationalität angewandt werden könnte, da unsere Menschlichkeit uns eint und alle Grenzen überschreitet, indem sie die Trennungen überwindet, die in Form von Sprache, Traditionen, Kultur, Ritualen und Ethnien bestehen mögen.

KAPITEL 11

Memoiren eines befreiten Ägypters: Der Sprung aus dem Kreis!

Nagwa A. Soliman

Es war dunkel und schummrig, aber das Schwimmen darin fühlte sich angenehm und lustig an. Ich habe das Gefühl, dass ich mich bewege, ohne es wirklich zu wollen. Es war die natürlichste Art zu überleben, wenn ich mich durch diesen geschlossenen Kreis, in dem ich mich befand, hindurchschlängelte. Es war, als würde man in einer Welt leben, in der alles, was man braucht, für immer in Erfüllung geht. Wie lange kann eine Situation für immer bleiben? Wir müssen uns dem Wandel stellen und uns anpassen. Ich spüre, wie sich der bequeme Kreis, in dem ich mich befinde, verfestigt und ich im Begriff bin, aus der Komfortzone herausgedrängt zu werden. Was wird draußen erwartet und warum geschieht das? Es scheint, als würde es nie enden. Es gibt eine höhere und mächtige Quelle, die jetzt das Sagen hat. Sie wird mich aus meiner Traumwelt entlassen. Ich fühle, dass ich in dieser Umgebung nicht mehr willkommen bin und dass eine Veränderung stattfinden muss.

Ich flog hinaus in die Welt der Geheimnisse und Verwirrungen. Um mich herum sind Geräusche zu hören, aber ich kann nicht richtig sehen. "Sieh nur, wie süß es ist", sagte eine Stimme in der Nähe. Ich keuchte und merkte, dass ich nicht mehr schwamm. Ich spürte die Wärme der zarten Haut, die mich erdrückte. Ich wollte saugen, aber ich konnte nicht. Ich schrie und weinte, um gehört zu werden, und merkte, dass das Saugen jetzt nicht mehr so einfach war wie vorher. Endlich konnte ich die warme, nährende Flüssigkeit saugen, die meinen Hunger stillte. Diese neue Welt, in die ich gezwungen wurde, ist völlig anders als die, an die ich bisher gewöhnt war. Die vorherige war dunkel, aber hier habe ich das Gefühl, dass sie manchmal voller Licht und manchmal völlig dunkel ist. In meiner ersten Welt war alles einfach, Essen, Wärme und Sicherheit. Hier fühle ich mich unsicher, kalt, hungrig und unwohl, es sei denn, ich werde von jemandem in den Arm genommen.

Warum beginnt ein Mensch sein Leben in der dunklen Gebärmutter seiner Mutter und endet in einem dunklen Grab unter der schwarzen Erde? Es ist ein Kreis oder ein Zyklus, den wir durchlaufen müssen. Es ist eine Frage, auf die es keine Antwort gibt. Es ist das, was mit allen Menschen geschieht. Dieser Kreislauf zeigt sich nicht nur in der Geburt und dem Tod eines Menschen, wir können ihn auch in der Natur beobachten. Wir haben den Zyklus von Tag und Nacht, Sommer, Herbst, Winter, Frühling und wieder Sommer. Wir haben den Zyklus der Erde selbst, die sich in Kreisen um sich selbst und um die Sonne dreht. So wie wir aus der Nichtexistenz entstanden sind, werden wir nach dem Tod schließlich nicht mehr da sein. Die Blumen sind eine Zeit lang da, dann sterben sie und verschwinden. Jedes einzelne Lebewesen um uns herum durchläuft diesen Kreislauf. Da dieser Kreislauf überall um uns herum ist, verlieren wir das Gleichgewicht und können fallen, sobald wir versuchen, auszusteigen. Wenn wir versuchen, uns ununterbrochen im Kreis zu drehen, können nur wenige von uns diese Aktion aushalten und fallen nicht zu Boden.

Wenn wir in Ägypten aufwachsen, sind wir nicht mit Kreisen konfrontiert, wie wir sie in der Natur und den Lebewesen sehen, sondern mit einer Reihe von Regeln, die in unserer Religion, Kultur und Tradition verankert sind. Wir lernen von unseren Eltern, Großeltern und Ältesten, dass dies die Art und Weise ist, wie die Dinge gehandhabt werden. Wir sollen beten, gehorchen, studieren, heiraten und nicht hinterfragen, nachdenken, herausfordern, bewerten oder rebellieren. Diese Eigenschaften sind in den meisten Ägyptern verankert, unabhängig davon, welcher Klasse sie angehören. Das hängt auch mit dem Kreislauf zusammen, denn die Großeltern geben diese Eigenschaften an die Eltern weiter, die sie ihren Kindern beibringen, und so geht es immer weiter. Es ist keine Kiste, aus der wir aussteigen sollten; es ist ein Kreis, in dem wir uns bewegen sollten, wenn wir in dieser Welt überleben wollen.

Da wir in einer Umgebung aufgewachsen sind, in der wir nur passive Empfänger dessen waren, was man uns als wahr erzählte und was man uns als unsere Pflichten einredete, neigten wir dazu, die täglichen Aufgaben in einem nie endenden Zyklus oder

Kreislauf zu erledigen. Wenn man sich auf diesen Kreislauf einlässt, denkt man nicht mehr daran, auszusteigen. Das ägyptische Volk ging seiner täglichen Arbeit nach, ohne zu glauben, dass es den Tag erleben würde, an dem der Präsident seines Landes von seinem eigenen Volk gestürzt werden würde.

Die Ägypter hätten sich nie vorstellen können, dass sie eine solche Macht besitzen, wenn sie als Nation geeint sind.

Das Gerücht von der Revolution lag in der Luft und war in jedem Haus zu hören. Alle Jugendlichen kommunizierten über Facebook und andere soziale Netzwerke und wussten über den Tag der Revolution Bescheid. Die Eltern dachten nur, dass sie wie letztes Jahr im April 2010 niedergeschlagen werden würde. Sie hätten nie gedacht, dass es sich um eine echte Revolution handelt, dass die Jugend des Landes endlich erkannt hat, dass sie sich zusammenschließen und in die Fußstapfen der Tunesier auf ihrem Weg zur Freiheit treten kann. Dieser Ausbruch aus dem Kreislauf von Unterdrückung, Angst und Missbrauch wäre ohne die tunesische Demo niemals möglich gewesen. Es war weder ein Film noch ein Roman, denn es war real und live, und die Tunesier waren in der Lage, durch Einigkeit und Entschlossenheit ihren Präsidenten zum Rücktritt zu zwingen. Über die Medien und Satelliten konnte das ägyptische Volk eine Lektion vom tunesischen Volk lernen, die die Geschichte seines Landes veränderte. Die Ägypter brauchten nur Fernsehen oder YouTube zu schauen, um die Wahrheit zu erfahren. Sie trauten ihrem Staatsfernsehen nicht mehr, das wie eine falsche Illusion war, die ihnen die wahren Geschehnisse in ihrem eigenen Land vorenthielt. Dieses falsche Spiel konnte nicht weitergehen, denn die Korruption, die seit dreißig Jahren andauerte, musste ein Ende haben. Die mutigen Jugendlichen gingen auf den Tahrir-Platz und blieben dort 18 Tage lang in der Kälte. Sie stellten sich sogar den Schlägern und Polizisten entgegen, die sie mit scharfer Munition angriffen und 350 von ihnen ermordeten. Das hielt sie nicht davon ab, weiterzumachen und ihre Sache zu unterstützen, bis sie ihr Hauptziel erreicht hatten, nämlich den Präsidenten zum Rücktritt zu zwingen, indem sie Einigkeit demonstrierten und die Spaltung aufgaben.

Ich wachte auf und merkte, dass ich geträumt hatte. Meine Mutter wollte, dass ich wie immer zur Schule gehe, aber ich fühlte mich nicht gut. Ich musste aufstehen und an dem täglichen Zyklus teilnehmen, den alle Schüler erleben. Meine Schule lag in der Nähe meines Wohnorts, und ich ging gern zu Fuß zur Schule. Die Herausforderung, der Beste und Erste in meiner Klasse zu sein, war in mir verankert, und ich wusste, dass es mein Hauptziel war, der Erste zu sein. Ich träumte von dem Tag, an dem ich berühmt sein würde und mein Bild in der Zeitung erscheinen würde, dass ich die erste und beste Schülerin in meinem Land war. Dieses Ziel trieb mich an und gab mir den Ansporn, in der Schule und später an der Universität weiterzumachen. Meine Mutter hat uns zu sofortigem Gehorsam erzogen, ohne Raum für Fragen oder Rebellion. Ich fügte mich, während meine Schwester Fadia immer widersprach.

Die Reise in viele Länder war keine Tortur. London war unser erster Standort. Die Sonne schien dort kaum, und wenn doch, ging meine Mutter mit uns in den Park. Wir haben mit dem Schneemann gespielt und Schneebälle gebastelt. Meine Mutter und mein Vater haben uns manchmal eingeschlossen und sind rausgegangen. Wir waren vier Schwestern zusammen und es machte uns nichts aus, außer dass sie manchmal das Badezimmer abschlossen, was mir ein ungutes Gefühl gab. Wir haben zusammen Haus gespielt. Jede von uns hatte eine Puppe. Mein Traum war es, eine sprechende Puppe zu haben, was heutzutage etwas Normales ist. Als ich ein Kind war, war mein Traumhaus ein Ziel, das ich erreichen wollte. Bis zum heutigen Tag habe ich mein erstes Kindheitsziel nicht erreicht.

"Wach auf, Noura, wach auf. Was ist los mit dir?" Plötzlich wachte ich wieder auf und befand mich in einem wunderschönen Schlafzimmer, durch dessen Fenster das Sonnenlicht hereinfiel. Ich sah die Person an, die mich geweckt hatte, und erkannte, dass es Tania war, meine liebe Dienerin, die so freundlich war, mich zu wecken, weil ich verschlafen hatte. Sie bereitete mein Bad vor, ich duschte und ging nach unten, um zu frühstücken. Ich bat Tania, mir mein Frühstück in den Garten zu bringen. Dort saß ich und dachte über den Albtraum nach, den ich letzte Nacht erlebt hatte. Ich war in diesem Land, in dem alles chaotisch war. Die Menschen um mich herum hatten alle Angst, zu reden oder ihre Meinung zu äußern. Sie hatten kaum etwas zu essen, und sie konnten sich keine neuen Kleider kaufen. Sie waren auf das angewiesen, was die reichen Leute ihnen manchmal gaben.

In der Ferne liefen Menschenmassen, die ihre verlorene Freiheit, menschenwürdige Löhne und ein Ende der Unterdrückung forderten. Kugeln wurden abgefeuert, Männer und Frauen schrien. Später beteten sie und flehten Gott an, ihnen zum Sieg zu verhelfen. Der Sieg kam endlich, als die Sonne wieder schien und ein tapferer Held sein Leben riskierte, um sein Land davor zu bewahren, in einem dunklen Tunnel der Unterdrückung, der Heuchelei und des Faschismus im Namen der Religion zu versinken. Die tapferen Soldaten der Armee fuhren mit ihren Panzern durch die Straßen, um die ganze Nation vor den Klauen der Adler des Bösen, die in unser Land eingedrungen waren, zu schützen.

Welche Erleichterung empfand ich, als mein Land wiederhergestellt war und Frieden in der Luft lag. Wie haben wir uns alle gefühlt, als wir auf die Straße gingen, um unseren Retter zu unterstützen, der den Mut hatte, sich dem Feind zu stellen, und dem die Todesstrafe hätte drohen können, aber er hatte keine Angst, denn er hatte ein größeres Ziel, nämlich die Liebe, die in seinen Adern für sein Land und sein Volk schlug. Noch nie haben wir einen solchen Mut, eine solche Würde und eine solche Entschlossenheit gesehen, zu Wohlstand, Sicherheit und Freiheit zu gelangen. In der Tat ist die Freiheit nie leicht zu erreichen, aber wenn wir sie erreicht haben, fühlen wir, dass sie alles wert ist, was wir durchgemacht haben.

Ich schaffte es schließlich, aus dem Kreis herauszuspringen und dem Licht der Freiheit zu folgen, das mich aus dem ewigen Kreis herausrief, der uns Menschen in einer Welt, in der nur der Stärkere überlebt, erdrückt. Mein Name Noura, der von dem arabischen Wort Licht kommt, stieß mich aus dem Kreis heraus, der sich täglich wiederholt. Dieser Nichtkreis ist der Ort, an dem die Welt zum Stillstand kommt und wir uns nicht mehr mit der Erde in einer ununterbrochenen Bewegung bewegen, die uns allmählich die Fähigkeit zur Wahrnehmung und zum Verstehen nimmt. Wir alle brauchen diesen Moment der Isolation, der Trennung und des Bekenntnisses, wenn wir erkennen, was wir im Namen der Religion unseren Mitmenschen angetan haben. Wir wurden geschaffen, um uns umzusehen und einen Weg zu finden, diese Welt zu einem besseren Ort zu machen. Es war nie dazu gedacht, einen Interessenkrieg und einen Kampf um materialistische Gewinne zu führen. Wir werden uns niemals weiterentwickeln, wenn wir nicht Einigkeit, Liebe und Freiheit verbreiten. Aus diesem Kreislauf auszusteigen ist unsere einzige Hoffnung auf Überleben. Er wird uns nicht spalten oder vom Rest der Welt isolieren, da wir in der Lage sein werden, in unserem eigenen Tempo zu denken, zu innovieren und zu schaffen und dennoch mit dem Rest der Menschen vereint zu sein.

KAPITEL 12

Unitonia: Ein Traum oder eine Realität!

Nagwa A. Soliman

Nadia hatte Mühe, trotz der Hitze und der unbefestigten Straßen voranzukommen. Um sie herum blickte die karge Wüste aus verschiedenen Blickwinkeln zu ihr herüber, als würde sie sie um Verzeihung bitten, weil sie nicht in der Lage war, sie mit Nahrung zu versorgen. Sie hatte noch genug Proviant für zwei Tage, aber ihre Sorge war, wann sie Unitonia erreichen würde. Sie war mit ihrem Solarauto unterwegs und laut Karte war sie nicht mehr weit von ihrem Traumland entfernt.

Vor einer Woche hatte sie zufällig eine junge Frau getroffen, die friedlich und gelassen wirkte. Sie hatte keinen Bezug zu dem schnelllebigen Mob um sie herum. "Ich muss mit dieser Frau sprechen, sie scheint sich verirrt zu haben", dachte sie, und kaum war ihr dieser Gedanke durch den Kopf gegangen, kam die Frau auf sie zu und fragte sie nach ihrem Aufenthaltsort. Glücklicherweise war Nadia im Urlaub und bereit, ihr zu helfen. Die Frau stellte sich als Emma vor und fügte hinzu, dass sie aus einem anderen Land namens Unitonia käme und an einem Ort übernachten wolle, der statt Geld Waren als Gegenleistung für ihren Aufenthalt akzeptiere. Emma erklärte, dass man in Unitonia kein Geld benutze, da alles über den Handel mit Waren organisiert werde.

Nadia dachte zunächst, dass Emma labil war oder träumte, aber als sie ihre Geschichte weiter anhörte, glaubte sie, dass sie die Wahrheit sagte. Nadia bot ihr an, sie in ihrem Zimmer im Haus ihrer Eltern unterzubringen und ihr im Gegenzug die Unitonian-Waren zu geben, die sie mitgebracht hatte. Was Nadia dazu veranlasste, war die Aufrichtigkeit, die aus Emmas Gesicht und Augen leuchtete.

Als sie in Nadias Haus ankamen, waren ihre Eltern zunächst nicht mit dieser Idee einverstanden, da sie Emma noch nie zuvor gesehen hatten und sich nicht vorstellen konnten, wie Nadia ihr vertrauen konnte, wo sie sich doch gerade erst kennen gelernt hatten. Auf Nadias Drängen hin stimmten sie schließlich zu, sie nur eine Woche lang zu behalten. Das war genau die Zeit, die Emma brauchte, um ihr Ziel zu erreichen, nämlich dieses fremde Land kennen zu lernen. Emma hat einen weiten Weg zurückgelegt und ihr Land verlassen, um andere Länder kennenzulernen, die sich von ihrem Land unterscheiden und in denen noch mit Geld gearbeitet wird. Sie wollte das tägliche Leben der Menschen beobachten, indem sie Nadia bei ihren täglichen Aufgaben beobachtete.

Nadia hatte ihr Studium abgeschlossen und arbeitete in einem Unternehmen als Buchhalterin und Vollzeitbeschäftigte mit einem normalen Job von 9:00 bis 17:00 Uhr. Sie musste arbeiten, um ihren Eltern zu helfen, die Hypothek für das Haus und den Rest der Rechnungen zu bezahlen, während sie einen Teil ihres Gehalts für sich selbst behielt. Ihre Eltern hatten denselben Zeitplan, und das bedeutete, dass sie ein System in Bezug auf Schlafenszeit, Sozialisierung und Lebensstil einhalten mussten.

Für Emma war das ziemlich schockierend, denn in Unitonia darf jeder seinen eigenen Lebensstil gestalten, solange er/sie am Ende des Tages das liefern kann, was vereinbart wurde. Das System in dem Land basierte auf verschiedenen Bereichen, in denen die Menschen frei sind, sich dem Sektor anzuschließen, in dem sie sich am besten auskennen. Wer sich beispielsweise für den Pflanzenbau interessiert, kann sich der Landwirtschaftsgruppe anschließen, andere, die sich für die Produktion interessieren, können Teil dieser Gruppe werden, aber das sollte sich nach den Bedürfnissen ihres Landes richten. Am Ende eines jeden Tages werden bestimmte Leute damit beauftragt, die Produkte jeder Gruppe mit den anderen Gruppen zu handeln, und so überleben sie vereint als Menschen, die nicht von der Menge des Geldes, das sie verdienen, kontrolliert werden. Alle Menschen sind gleich, da jede Gruppe für das Überleben der anderen Gruppen arbeitet und der Handel mit ihren Produkten ihre Bedürfnisse befriedigt, solange sie vereint sind, was das Geheimnis hinter der Wahl ihres Landesnamens Unitonia ist.

Emma wuchs in einem solchen Umfeld auf und dachte, dass die ganze Welt auf diese Weise lebt. Als sie eines Tages von einem Außenstehenden hörte, dass es andere Länder gibt, in denen Geld anstelle von Handel verwendet wird, fühlte sie sich gezwungen, in eines dieser Länder zu reisen, um eine andere Art von Leben kennenzulernen, in dem die Menschen für Geld arbeiten und nichts ohne Geld tun können. Sie schlug Nadia vor, ihr Leben zu tauschen, um durch reale Erfahrungen herauszufinden, welches Leben besser zu ihr passen würde. Sie einigten sich darauf, Nadias Eltern eine falsche Geschichte zu erzählen, dass sie auf einem Arbeitsausflug sei und Emma in demselben Land als Vertretung arbeiten müsse. Dies war möglich, da in Unitonia jeder eine Grundausbildung erhält, die ihn/sie für verschiedene Berufe qualifiziert, und Emma als Buchhalterin in Unitonia gearbeitet hatte, so dass sie bereits Erfahrung in diesem Beruf hatte.

Am Tag ihrer Abreise sorgte Nadia dafür, dass Emma ihren Eltern nichts davon erzählte, bevor sie ihre Reise angetreten hatte. Nadia wusste von Emma, dass sie mit dem Auto nach Unitonia fahren musste, da es dort keine Flughäfen gibt, von denen aus man mit dem Flugzeug reisen könnte. Emma gab Nadia eine Karte mit der Straße, die sie nehmen sollte, um ihr Ziel zu erreichen.

Nadia war zwei Tage lang unterwegs gewesen und hatte unterwegs in einer Cafeteria angehalten, um etwas zu essen. Als sie eintrat, sah sie einen jungen Mann mit seiner Tochter, die sich unterhielten. Sie saß an einem Tisch in der Nähe und konnte nicht umhin, das Gespräch der beiden zu belauschen. Zu ihrer Überraschung waren sie auch auf dem Weg nach Unitonia. Sie ging auf die beiden zu und erzählte ihnen, dass sie in das gleiche Land reisen würde und ihre Hilfe zu schätzen wüsste. Der junge Mann schien bereit zu sein, ihr zu helfen. "Kein Problem. Mein Name ist Fred und das ist meine Tochter Salwa. Freut mich, Sie kennenzulernen", sagte er in einem fröhlichen, freundlichen Ton. Nadia fragte ihn nach den Gründen für seine Bereitschaft, das Risiko einzugehen und in diese neue Welt zu reisen, in der die Menschen nicht mehr mit Geld, sondern mit Handel arbeiten. "Aus demselben Grund, wie ich glaube, haben Sie diese

Entscheidung getroffen. Warum sollte ich mich in dieser ständigen Illusion bewegen, dass das Land, in dem wir leben, ein vereinter angenehmer Ort ist, wenn Geld uns alle manipuliert." Nadia platzte heraus: "Wie haben Sie meine Absichten erraten? Sieht man das in meinem Gesicht?" "Auf jeden Fall", antwortete er.

Fred erzählte ihr, wie seine Frau ihn und ihre 6-jährige Tochter Salwa ohne ersichtlichen Grund verlassen hatte, nur weil sie das tägliche System nicht mehr ertragen konnte, das sie mit all der Verantwortung, die sie innerhalb und außerhalb des Hauses zu tragen hat, versklavt. Sie beschlossen, sich scheiden zu lassen, und als er von dem neuen Land Unitonia hörte, beschloss er, seine Arbeit zu kündigen und an diesen neuen, aufregenden Ort zu gehen. Fred und Nadia beschlossen, gemeinsam zu reisen, da sie in dasselbe Land reisen wollten. Er wird vor ihr fahren und sie wird direkt hinter ihm sein. Sie vereinbarten auch, im nächsten Motel anzuhalten, um zu essen und zu übernachten.

Fünf Stunden später tauchte ein kleines Motel auf, und Fred und Nadia hielten an und checkten für einen Tag ein, um sich bis zum nächsten Tag auszuruhen und eine warme Mahlzeit zu sich zu nehmen, denn Salwa war ausgehungert und sehr launisch. Während sie im Restaurant aßen, unterhielten sich zwei junge Männer laut und sie hörten ihr Gespräch über das neue Leben, auf das sie sich in Unitonia freuten, wo sie Freiheit, Seelenfrieden und echte Einheit mit Menschen genießen können, die nicht mehr im Bann von Geld und materiellen Interessen stehen.

Fred, Nadia und Salwa schlossen sich ihnen spontan an und verkündeten, dass auch sie auf dem Weg nach Unitonia seien. Die beiden jungen Männer Ahmed und Ali begrüßten sie und erzählten ihnen von ihrem früheren unerträglichen Leben, dem sie entkommen waren. "Ich habe jetzt das Gefühl, dass ich ein richtiger Mensch geworden bin, der sein Leben und seine Zeit selbst in der Hand hat. Ich bin in der Lage zu denken, nachzudenken und vernünftige Entscheidungen zu treffen, was in meinem früheren Leben unmöglich war", sagte Ahmed. Ali fügte hinzu: "Ich kann mir nicht vorstellen, wie ich all diese Monotonie, das Elend und den Stress überleben konnte." Ahmed war Landwirt und Ali war Ingenieur, und Fred hatte Nadia noch nichts von seinem Beruf erzählt, aber als Ahmed und Ali ihre Berufe erwähnten, sagte er: "Ich würde gerne weiter als Arzt arbeiten, wenn ich Unitonia erreiche, aber nicht unter den gleichen Bedingungen." "Ich würde gerne in die Welt des Handels eintauchen und das Geld und seinen zerstörerischen Zauber vergessen", fügte er hinzu.

Am nächsten Tag reisten Fred, Nadia, Salwa, Ahmed und Ali gemeinsam in Richtung Unitonia, das laut der Karte, der sie alle folgten, noch vier Tage entfernt war. An einem anderen Motel auf dem Weg nach Unitonia wiederholte sich derselbe Zufall, aber diesmal trafen sie zwei junge Frauen, und eine von ihnen war zu Nadias Überraschung Emma. "Emma! Was machst du denn hier? Du solltest mich doch bei der Arbeit vertreten und bis zu meiner Rückkehr bei meinen Eltern wohnen." rief Nadia aus. "Ich konnte diese Art von materialistischem Leben, das keine Seele oder Gefühle hat, nicht ertragen. Es wurde so starr, dass ich das Gefühl hatte, ich würde daran zerbrechen. Ich traf eine Freundin von mir, Susan, die Bäckerin ist, und wir beschlossen, nach Unitonia zurückzukehren." antwortete Emma.

Also machte sich die ganze Gruppe, darunter Emma, Nadia, Fred, Salwa, Ahmed, Ali und Susan, gemeinsam auf den Weg, wobei Emma die Führung übernahm, da sie zu Unitonia gehörte und den Weg kennt. Während sie alle hintereinander fuhren, wurden sie plötzlich von einem schrecklichen Tornado getroffen, und ihre Autos begannen zu schütteln und sich schnell zu drehen, und sie verloren die Kontrolle. Emma gelang es, sich aus ihrem Auto zu befreien und den Rest der Gruppe zu retten. Glücklicherweise fanden sie sich in der Nähe eines Motels wieder, in dem sie die Nacht verbrachten, da sie nicht wussten, wie sie Unitonia erreichen sollten.

Emma wachte am nächsten Morgen früh auf, führte einige Telefonate und traf sich mit dem Rest der Gruppe im Restaurant, um ihnen zu sagen, dass sie ihnen etwas sehr Wichtiges mitzuteilen habe. Sie waren sehr besorgt über ihren Zustand und trafen sich mit Emma im Aufenthaltsraum. Emma sagte: "Ich möchte ein Geständnis machen, das euch seltsam vorkommen wird, aber es ist die Wahrheit. Ich bin kein Mensch, denn ich gehöre zu einem anderen Planeten und bin gekommen, um die Erde zu besuchen und euch einzuladen, mit mir in Unitonia zu leben; es existiert wirklich, aber nicht hier." Nadia fragte: "Warum hast du diese Tatsache die ganze Zeit vor uns verborgen und warum denkst du, dass wir dir glauben werden?" Emma antwortete: "Ich musste das tun, um euch zu überzeugen, mit mir zu kommen, und ich hätte es euch sowieso gesagt, weil wir nicht dorthin gelangen können, ohne ein spezielles Raumschiff zu nehmen, das heute ankommen soll."

Zunächst zögerten alle und glaubten ihr nicht, da sie so menschlich aussah und es keine Anzeichen gab, die sie als Außerirdische ausweisen konnten. Als Emma ihnen jedoch in ein paar Stunden sagte, dass sie ihnen das Raumschiff zeigen wird, das bereit ist, sie nach Unitonia zu bringen, erkannten sie alle, dass sie nicht gelogen hatte. Sie wussten, dass sie keine andere Wahl hatten, als zuzustimmen, Emma nach Unitonia zu begleiten, wo alle vereint sind und in Frieden und Harmonie zusammenleben; außerdem gibt es weder Raum noch Zeit für Kriege oder Konflikte zwischen Menschen, die alle hauptsächlich ihre Menschlichkeit genießen.

Ein paar Stunden später, nachdem der Tornado abgeklungen war, ging die ganze Gruppe unter der Führung von Emma eine halbe Stunde lang vom Motel aus zu Fuß weiter, und zu ihrem Erstaunen stand das Raumschiff mitten in der Wüste und erwartete sie. Es war ein Metallraumschiff mit quadratischen Fenstern, die es von allen Seiten umgaben. Außerirdische standen an den Fenstern und beobachteten sie, als sie sich der Tür näherten. Nadia, die Salwas Hand hielt, war sehr besorgt, denn sie wusste, dass sie, wenn sie die Erde einmal verlassen hatte, vielleicht nicht mehr zurückkehren konnte, und sie machte sich Sorgen um die Gefühle ihrer Eltern. Dennoch wurde ihr klar, dass sie die Entscheidung getroffen hatte, ihre Heimat zu verlassen und ein neues, anderes Leben zu beginnen, in dem es keine materialistischen Ziele gibt und die Menschen in Einheit und Frieden leben.

Fred ließ Salwa mit Nadia gehen, denn sie hatte große Angst, als sie das Raumschiff sah, und brach in einen verzweifelten, hysterischen Schrei aus. Nadia war die Einzige in der Gruppe, die es schaffte, sie zu beruhigen, und sie hielt ihre Hand, um ihr zu versichern, dass alles gut werden würde und dass es keinen Grund gäbe, Angst zu haben. Fred zögerte eine Weile und war kurz davor, seine Tochter Salwa zu nehmen und zu gehen, aber Nadia konnte ihn davon überzeugen, dass ein besseres Leben auf sie wartet und dass sie Einheit, Frieden und Glück finden können, was sie auf der Erde nicht erreichen konnten. Fred dachte stundenlang nach, denn er war Arzt und bezog ein hohes Gehalt, das ihm einen hohen Lebensstandard ermöglichte, der ihm aber kein Glück und keine Zufriedenheit verschaffte, denn je mehr Geld er verdiente, desto mehr konsumierte er Güter, die nicht notwendig, aber wichtig waren, um mit dem Rest seines sozialen Umfelds und seiner Fassade mithalten zu können. Mit anderen Worten, er wollte immer die neuesten Marken und Stile von Mobiltelefonen, Autos, Elektrogeräten und Kleidung kaufen, und die Liste ließe sich beliebig fortsetzen. Das war bei all jenen der Fall, die es sich leisten konnten, solche Dinge zu kaufen, und die zur Mittel- und Oberschicht gehörten. Sie alle wollten angeben und zeigen, dass sie in der Lage sind, die neueste Mode und die neuesten Marken auf dem Markt zu konsumieren und zu kaufen, auch wenn sie diese Dinge gar nicht brauchen. Ihr einziger Wunsch war es, Selfies und Fotos von sich mit all den Dingen zu machen, die sie in letzter Zeit gekauft hatten, um ihre Freunde entweder neidisch zu machen oder, wenn sie es sich leisten konnten, die gleichen Dinge zu kaufen, um ihr Ego zu befriedigen. Als seine Frau ihn verließ und dieser endlose Kreislauf ihn dazu brachte, seine Tochter zu nehmen und ein neues Leben zu suchen, entschied er sich, mit dem Rest der Gruppe nach Unitonia zu gehen.

Ahmed und Ali waren ebenfalls sehr besorgt und baten Emma, ihnen etwas Zeit zum Nachdenken zu geben und zu entscheiden, ob sie mit ihr nach Unitonia gehen wollten oder nicht. Ahmed war besorgt, dass er in Unitonia keine Arbeit als Landwirt finden könnte, und dies beunruhigte auch Ali, der Ingenieur ist und nicht sicher war, ob sein Beruf in Unitonia gebraucht wird. Die beiden kamen überein, dieses Thema mit Emma weiter zu besprechen. Als sie Emma ihre Befürchtungen vortrugen, sagte sie: "Seien Sie versichert, dass jeder Einzelne in dieser Gruppe garantiert einen Arbeitsplatz in Unitonia hat und mit seinen Produkten am Handel mit anderen Bürgern in Unitonia teilnehmen wird." Emmas Worte trösteten Ahmed und Ali und sie beschlossen, mit dem Rest der Gruppe nach Unitonia zu gehen.

Sie standen nun alle vor dem Raumschiff und die Tür öffnete sich mit Emma an der Spitze. Sie führte sie einen nach dem anderen hinein, und sie wurden von Außerirdischen begrüßt, die wie Menschen aussahen, nur dass sie einen seltsamen Ausdruck in den Augen hatten. Sie lächelten alle und sahen friedlich und glücklich aus. Die Gruppe wurde in einen Raum mit Stühlen geführt, wo sie gebeten wurden, Platz zu nehmen und sich anzuschnallen, da das Raumschiff gleich abfliegen würde. Sie kamen der Aufforderung nach, und kaum waren sie angeschnallt, hörten sie draußen ein Dröhnen. Nadia saß am Fenster und konnte sehen, wie sich eine Menschenmenge auf das Raumschiff zubewegte und mit ihren auf das Raumschiff gerichteten Gewehren schrie und brüllte. Nadia rief Emma zu: "Warum lasst ihr sie nicht rein? Sie scheinen sich uns anschließen zu wollen. Warum kannst du nicht einfach die Tür des Raumschiffs öffnen, damit sie einsteigen können?" Emma sagte: "Nein. Das ist nicht möglich, denn sie sind bewaffnet, und wir sind friedliche, vereinte Außerirdische, die niemals mit aggressiven Menschen kommunizieren können, die Waffen benutzen, um andere zu kontrollieren, denn das ist ein Zeichen der Spaltung, die wir in unserer Gesellschaft nicht tolerieren oder akzeptieren können." Mit diesen Worten von Emma flog das Raumschiff nach Unitonia ab.

Es dauerte etwa drei Tage, bis sie Unitonia erreichten, und während dieser Zeit waren die Außerirdischen freundlich und sehr hilfsbereit gegenüber der Gruppe (Nadia, Fred, Salwa, Ahmed, Ali und Susan). Sie hatten das Gefühl, bei ihren Familien zu sein und vermissten ihr früheres Leben nicht. Schließlich kamen sie an und das Raumschiff landete. Als sich die Tür öffnete, bot sich ihnen eine unvergessliche Szene, die sie seit dem Betreten von Unitonia nicht mehr vergessen hatten. Zu ihrem Erstaunen herrschte normale Schwerkraft und die Menschen flogen nicht hin und her. Das Land war nicht nur landschaftlich wunderschön, sondern auch architektonisch so harmonisch gestaltet, dass man den Einheitsgedanken der Außerirdischen leicht erkennen konnte, denn alle Gebäude waren miteinander verbunden und zu einem großen Kreis geformt, der den Handel zwischen den Bürgern erleichterte. Alle Häuser waren eigentlich Doppelhäuser und hatten entweder einen richtigen Garten oder einen terrassenförmig angelegten künstlichen Garten, in dem die Bewohner ihre Freizeit mit allen möglichen Hobbys verbringen konnten. Es gab keine armen oder reichen Menschen, da alle in Bezug auf die Größe ihrer Häuser gleich waren. Jede Familie hatte die Wahl, entweder ein oder zwei Kinder zu haben, und durfte keine weiteren Kinder bekommen, da alle auf dem gleichen Raum lebten. Die Wahl, die den Menschen in Bezug auf ihre Häuser gegeben wurde, war die Farbe ihrer Doppelhäuser, und sie sollten aus einer Reihe von Farben wählen, um die Harmonie und Einheit zu erhalten, die im ganzen Land deutlich sichtbar ist.

Die Ausländer waren alle auf verschiedene Bereiche spezialisiert, und die Gruppe (Nadia, Fred, Salwa, Ahmed, Ali und Susan) hatte keine Schwierigkeiten, sich entsprechend ihrem Beruf zu integrieren. Die junge Salwa bildete eine Ausnahme, da sie sich der einzigen Schule und Universität in Unitonia anschloss, die von Anfang bis Ende von Studenten besucht wurde. Mit anderen Worten, sie war Schule und Universität in einem. Die Einheitlichkeit zeigt sich hier in der Tatsache, dass alle die gleiche Grundausbildung erhielten, und als sie die Universität erreichten, hatten sie die Wahl, den Beruf zu wählen, den sie bevorzugten, je nach den Bedürfnissen Unitonias. Wenn der Planet Unitonia also zum Beispiel Ärzte und Ingenieure braucht, dann können sie sich für einen dieser beiden Berufe entscheiden. Dieser Plan stellt sicher, dass alle, die auf diesem Planeten leben und einen Beruf wählen, andere finden, die mit ihnen handeln, weil ihre gewählten Berufe in Unitonia gebraucht werden.

Früher fand der Handel einmal am Tag zu einer bestimmten Uhrzeit statt, nachdem die Menschen ihre Arbeit beendet hatten. Die Menschen waren nur dazu verpflichtet, dies zu einer bestimmten Zeit zu tun, um sich auf ihre täglichen Bedürfnisse einzustellen. Geld gab es nicht, und es gab keine Klassen in einer solchen Gesellschaft, da alle gleich waren. Die Familien lebten nahe beieinander und hatten das Privileg, sich häufig besuchen zu können, was es ihnen ermöglichte, sich gegenseitig bei der Erziehung ihrer Kinder zu helfen und ihre Eltern und Großeltern zu unterstützen, wenn diese alt und hilflos wurden. Fred, Salwa, Nadia, Ahmed, Ali und Susan waren wirklich glücklich und zufrieden, denn sie fühlten sich stets als Teil einer ganzen Gesellschaft, die keine materialistischen Ziele verfolgte und deren einziges Anliegen es war, anderen angemessene Dienstleistungen und Produkte anzubieten, damit diese bereit waren, mit ihnen zu handeln. Wenn zum Beispiel einer der Bürger von Unitonia Brot brauchte, gingen sie zum Bäcker und tauschten das Brot gegen Eier ein, wenn dieser auf die Herstellung von Eiern spezialisiert war, und dasselbe Tauschsystem galt für alle anderen Waren.

Als Transportmittel stellte der Planet Mini-Autoplane mit bestimmten Haltestellen zur Verfügung, die man automatisch nutzen konnte, um an das gewünschte Ziel zu gelangen, vorausgesetzt, man ließ das Flugzeug auf dem vorgesehenen Parkplatz stehen. Niemandem gehörten diese Flugzeuge, da sie Eigentum von Unitonia waren. Befand sich der Parkplatz nicht in der Nähe des Zielortes, musste man den Rest der Strecke zu Fuß zurücklegen. So wurde sichergestellt, dass jeder jeden Tag eine gewisse Zeit zu Fuß gehen musste, was einen gesunden Lebensstil ermöglichte. Die Zahl der Flugzeuge entsprach der Zahl der arbeitenden Menschen. Alte Menschen durften diese Flugzeuge nicht fahren, da der Handel von ihren Kindern oder Enkeln erledigt werden konnte. Fred, Salwa, Nadia, Ahmed, Ali und Susan leben bis heute in Unitonia. Sie träumen immer davon, das System und den Lebensstil Unitonias auf die Erde zu exportieren, aber sie verschieben ihre Träume immer wieder, weil sie bezweifeln, dass die Menschen auf der Erde sich dieser vereinten, friedlichen Welt, in der nichts außer Einheit, Frieden und Liebe zählt, unterwerfen werden.

Zitierte Werke
Abdelmegid, B. (2010). *Die heilige Theresa und das Schlafen mit Fremden.* Kairo,

Ägypten: Die Amerikanische Universität in Ägypten.

Allen, D. S. (2004). *Talking to Strangers: Ängste der Staatsbürgerschaft seit Brown V. Board of Education.* Chicago: University of Chicago Press.

Anderson, B. (1991). *Imagined Communi- ties: Reflections on the Origin and Spread of Nationalism.* New York: Verso.

Anderson, B. (1991). *Imagined Communities: Reflections on the Origin and Spread of Nationalism 2. überarbeitete Auflage.* New York: Verso.

Caceres, S. B. (2011). Auf dem Weg zum Konzert in Afrika: Das Streben nach Fortschritt und Macht durch Zusammenhalt und Einheit. *African Studies Quarterly Band 12, Ausgabe 4.*

Constant, B. M. (erstmals veröffentlicht 1816, 2016). *Adolphe .* U.S.A: Createspace Independent Publishing Platform.

Counter, A. J. (2014). Zola's fin-de-siecle Reproduktionspolitik. *French Studies: A Quarterly Review, Volume 68, Number 2*, 193-208.

Cusack, I. (2001). Nation-builders at work: Der äquatoguineische "Mythos der Bantu-Einheit". *Nationalis and Ethnic Politics, 7:3, DOI:10.1080/1357110108428638*, 77-97.

Du Bois, E. B. (1989). *The Souls of Black Folk: Essays und Skizzen.* New York: Bantam.

Fernando, L. (1993). *Grün ist die Farbe.* Kula Lumpur: Silverfish.

Galison, P. (1998). Die Amerikanisierung der Einheit. *Daedalus, Vol. 127, Nr. 1, Wissenschaft in der Kultur*, 45-71.

Gates, H. L. (1994). *Colored People: A Memoir.* New York: Knopf.

Hartman, G. (1997). *Die schicksalhafte Frage der Kultur.* New York: S. 6.

Hepburn, B. (November). US Still a Nation Deeply Divided. *Toronto Star*, 2008.

Hollinger, D. A. (2011). Die Einheit des Wissens und die Vielfalt der Wissenden: Science as an Agent of Cultual Integration in the United States Between the Two Worlds Wars. *Pacific Historical Review, Vol. 80, No. 2*, 211-230.

Jahoda, G. (2014). Theodar Waitz on Psychic Unity. *Springer Science and Business Media New York- Integr Psych Behav*, 176-203.

Johnson, C. (1998). *Träumer: A Novel*. New York: Scribner.

LANDY, J. (FRÜHJAHR-SOMMER 2009). Der Abgrund der Freiheit: Legitimität, Einheit und Ironie in Constant's "Adolphe". *Nineteenth-Century French Studies, Vol. 37, Nr. 3/4*, 193-213.

Lee, A. (1984). *Sarah Phillips*. Boston : Northeastern UP, 1993.

Lim, D. C. (2010). Verlorene Einheit? Reframing ethnischer Beziehungen in Lloyd Fernandos Green is the Colour. *Zeitschrift für postkoloniales Schreiben*, 46:2, 138-150.

Lisson, D. (2008). Die Definition der "nationalen Gruppe" in der Völkermordkonvention: A Case Study of Timor-Leste. *Stanford Law Review Vol. 60*, 1459-1496.

Loewe, M. (1994)). Chinas Sinn für Einheit im Spiegel der frühen Reiche. *T'oung Pao, Zweite Reihe, Vol. 80, Fasc. 1/3* , 6-26.

MADDEN, D. (2012). You Can't Go Home Again:Thomas Wolfe's Vision of America. *The Thomas Wolfe Review (2012)*.

McGarry, J. a. (1995). *Erklärungen für Nordirland: Zerbrochene Bilder.* . London: Wiley-Blackwell.

McGarry, J. a. (2009). *Konsoziationstheorie: McGarry und O'Leary und der Nordirlandkonflikt.* London: Routledge.

Mezciems, J. (1977). Die Einheit von Swifts "Die Reise nach Laputa": Structure as Meaning in Utopian Fiction. *The Modern Language Review, Vol. 72, No. 1*, 1-21.

Mihelj, S. (2008). Nationale Medienereignisse: From displays of unity to enactments of division. *Europäische Zeitschrift für Kulturwissenschaften. SAGE Publications. Universität Loughborough*, Band 11 (4) 471-488.

Morahg, G. (September 1999). Testing Tolerance: Kulturelle Vielfalt und nationale Einheit in A. B. Yehoshuas Eine Reise zum Ende des Jahrtausends. *Prooftextd, Band 19, Nummer 3*, 235-256.

Moss, S. M. (2014). Beyond Conflict and Spoilt Identities: How Rwandan Leaders Justify a Single Recatagorisation Model for Post-Conflict Reconciliation.

Zeitschrift für soziale und politische Psychologie, 435-449.

Moss, S. M. (2016). You Can't Give a Syringe with Unity. *Analysen zu sozialen Fragen und öffentlicher Politik, Vol. 16, No. 1.* , 325-359.

Murray, R. (2010). The Time of Breach: Class Division and the Contemporary African American Novel. *Novel: A Forum on Fiction, Vol. 43, No. 1, Theories of the Novel Now, Part III*, PP. 11-17.

Nagle, J. (2013). Einheit in Vielfalt": Nicht-sektiererische soziale Bewegungen als Herausforderung für die Politik des ethnischen Antagonismus in gewaltsam geteilten Städten. *International Journal of Urban and Regional Research Band 37*, 78-92.

Penner, T. (1972). The Unity of Virtue. *Th Philosophical Review, Vol. 82*, 35-68.

Plaut, V. (2014). Diversity Science and Institutional Design. *Policy Insights from the Behavioral and Brain Sciences, I*, 72-80.

Quayum, M. A. (2007). Die Vorstellung von 'Bangsa Malaysia': Rasse, Religion und Geschlecht in Lloyd Fermandos Green is the Colour. *Ein Himmel, viele Horizonte: Studien zur malaysischen Literatur in englischer Sprache*, 151-66.

Rossbacher, B. (Frühjahr, 1997). Einheit und vorgestellte Gemeinschaft: F. C. Delius' Die Birnen von Ribbeck und Der Sonntag, an dem ich Weltmeister wurde. *Die Deutsche Vierteljahresschrift, Bd. 70, Nr. 2*, 151-167.

Rowland, R. C. (2007). "Die Neugestaltung des amerikanischen Traums und der amerikanischen Politik: Barak Obama's Keynote Address to the 2004 Democratic National Convention.". *Quarterly Journal of Speech 93*, 435.

Silva-Leander, S. (2008). Über die Gefahr und Notwendigkeit der Demokratisierung: TradeOffs between Short-Term Stability and Long-Term Peace in Post-Genocide Rwanda. *Third World Quarterly, Vol. 29, No. 8* , 1601-1620.

Snyder, J. a. (1997). Nationalismus und der Marktplatz der Ideen. *National and Ethnic Conflict*, 61-96.

Soares, A. (2009). Nationale Identität und nationale Einheit in der zeitgenössischen osttimoresischen Literatur. *Portugiesische Studien, Vol. 25, Nr. 1*, 80-101.

Tabishat, M. (2012). Die Gesellschaft im Kino: Antizipation der Revolte in ägyptischer

Fiktion und Film. *Social Research: An International Quarterly*, Band 79, Nummer 2, S. 377-396.

Taher, B. t. (1996). *Tante Safiyya und das Kloster*. Berkeley und Los Angeles: University of California Press.

Terrill, R. E. (2009). Einheit und Dualität in Barack Obamas "A More Perfect Union". *Quarterly Journal of Speech Vol. 95, No. 4*, 363-386.

Wolf, S. (2007). MORALPSYCHOLOGIE UND DIE EINHEIT DER TUGENDEN. *Zeitschrift Comilation Blackwell Publishing Ltd.*

Yehoshua, A. B. (1993). *Eine Reise zum Ende des Jahrtausends*. Portsmouth: Heinemann.